摩托车考证驾驶一本通

郭建英　编著

化学工业出版社

·北京·

内容简介

本书主要介绍摩托车驾驶员学车考证与新手上路驾驶的基本知识及应考技巧，内容涵盖摩托车基本知识、交通信号、摩托车道路通行规定、摩托车驾驶人规定、场地驾驶、道路驾驶以及摩托车驾驶考试技巧和考试评判标准。

全书以精美的彩色图片和简洁易懂的语言文字来阐述摩托车考证驾驶的基本技能和技巧，书中涉及驾驶操作的内容配套效果逼真的3D MP4仿真动画演示视频讲解，直观易懂，实用性强。

本书既适合初次申领摩托车驾驶证的驾校学员使用，也可供摩托车爱好者和驾驶培训机构及相关院校汽车专业师生日常教学和学习参考、借鉴。

图书在版编目（CIP）数据

摩托车考证驾驶一本通/郭建英编著．—北京：化学工业出版社，2021.11（2024.1重印）
ISBN 978-7-122-39781-2

Ⅰ.①摩⋯　Ⅱ.①郭⋯　Ⅲ.①摩托车-驾驶术-资格考试-自学参考资料　Ⅳ.①U483.09

中国版本图书馆CIP数据核字（2021）第169992号

责任编辑：黄　滢　　　　　　　　　　　　装帧设计：王晓宇
责任校对：边　涛

出版发行：化学工业出版社（北京市东城区青年湖南街13号　邮政编码100011）
印　　装：北京缤索印刷有限公司
710mm×1000mm　1/16　印张10¼　字数190千字　2024年1月北京第1版第3次印刷

购书咨询：010-64518888　　　　　　　　售后服务：010-64518899
网　　址：http://www.cip.com.cn
凡购买本书，如有缺损质量问题，本社销售中心负责调换。

定　　价：59.80元　　　　　　　　　　　　　　　版权所有　违者必究

前 言

PREFACE

  随着国民经济的快速发展，各类私家车辆也有了巨大的发展空间，机动车进入百姓家庭的步伐不断加快，学习车辆驾驶的人也越来越多。国家也相继出台了一系列新的交通法规，对驾驶员考试要求越来越严格，考取机动车驾驶证的难度更大。

  摩托车作为机动车之一，国内普及率和保有量较高，尤其是在一些乡镇，因摩托车更加经济、便捷和实用，所以普及率更高。但是长期以来，摩托车驾驶考试相对来讲不够严格，全国各地标准不一，而摩托车驾驶危险性又比较高，因此导致事故率也比小轿车高得多。鉴于此，2020年11月20日，我国出台了摩托车驾驶证全国通考的规定，自此，摩托车驾驶员考试有了统一的标准和规范。

  为了帮助准备学习摩托车驾驶的朋友更快、更好地学习和掌握摩托车驾驶基本知识和技术要领，在化学工业出版社的组织下，特编写了本书。

  本书依据全新道路交通安全法律法规及摩托车新驾考相关规定编写而成，主要介绍了摩托车驾驶员学车考证与新手上路驾驶的基本知识及应考技巧，涵盖摩托车基本知识、交通信号、摩托车道路通行规定、摩托车驾驶人规定、场地驾驶、道路驾驶以及驾驶考试技巧和考试评判标准等。

在编写过程中，贯彻少而精、理论联系实际的原则，尽可能"用图说话"，以大量彩色图片为主进行介绍，力求直观形象、通俗易懂。对涉及实际驾驶操作的内容配以精美的MP4三维动画演示视频讲解，扫描书内相应章节的二维码即可观看。彩色图文内容与3D仿真动画视频内容有机结合，仿佛如身临其境一般，有利于读者快速理解和掌握所学内容，考驾照过程中顺利通关，成为一名合格的摩托车驾驶员。

本书适合初次申领摩托车驾驶证的驾校考试学员及驾驶培训机构使用和借鉴，也可供摩托车爱好者及相关院校汽车专业师生参考。

学习摩托车驾驶并不难，难的是在任何时候、任何场合都能严格地自觉遵守交通法规，以规范的驾驶行为保护自己和同车的乘客，不存一丝侥幸心理。希望通过本书的学习，朋友们不仅能掌握正确的摩托车驾驶技术，还能养成良好的驾驶习惯，使摩托车成为你手中得心应手的交通工具和好朋友。

由于笔者水平所限，书中疏漏之处在所难免，恳请广大读者批评指正。

编著者

目录

第1章　摩托车基本知识

1.1　摩托车的分类　/ 001

1.2　摩托车的结构　/ 004

第2章　交通信号

2.1　交通信号灯　/ 009

2.2　交通标志　/ 010

2.3　交通标线　/ 040

2.4　交通警察指挥手势　/ 057

第3章　摩托车道路通行规定

3.1　摩托车登记制度　/ 068

3.2　摩托车安全技术检验　/ 072

3.3　关于摩托车保险　/ 074

3.4　道路交通安全违法行为记分规定　/ 078

3.5　摩托车强制报废标准　/ 082

3.6　其他规定　/ 083

第4章 摩托车驾驶人规定

4.1 驾驶证考试预约技巧　/ 084

4.2 科目一、科目二考试技巧　/ 088

4.3 驾驶资格证的取得　/ 095

4.4 监督管理与处罚规定　/ 100

4.5 换证与补证规定　/ 104

第5章 场地驾驶

5.1 驾驶姿势　/ 107

5.2 发动机的启动与停熄　/ 109

5.3 起步与停车　/ 110

5.4 换挡　/ 112

5.5 转弯　/ 112

5.6 制动　/ 113

第6章 道路驾驶

6.1 一般道路驾驶　/ 115

6.2 特殊条件道路驾驶　/ 127

6.3 高速公路驾驶　/ 140

第7章 驾驶考试技巧

7.1 桩考 / 148

7.2 坡道定点停车和起步 / 148

7.3 通过单边桥 / 149

第8章 驾驶考试评判标准

8.1 综合评判标准 / 150

8.2 科目二考试项目分类评判标准 / 151

附录 法律责任

第1章
摩托车基本知识

1.1 摩托车的分类

1.1.1 按管理分类

根据国家标准GB/T 15089—2001《机动车辆分类》的规定，摩托车属于L类，即少于四轮的机动车辆。L类又分为以下5类。

L1类——装用排量不超过50mL的发动机，最高设计车速不超过40km/h的两轮车。这实际上指的是轻便两轮摩托车。

L2类——装用排量不超过50mL的发动机，最高设计车速不超过40km/h的三轮车。这实际上指的是轻便三轮摩托车。

L3类——装用排量超过50mL的发动机，或设计车速超过40km/h的两轮车。这是通常讲的两轮摩托车。

L4类——装用排量超过50mL的发动机，或设计车速超过40km/h，三个车轮相对于车辆的纵向中心平面为非对称布置的车辆（如边三轮摩托车）。

L5类——装用排量超过50mL的发动机，或设计车速超过40km/h，厂定最大总质量不超过1t，且三个车轮相对于车辆的纵向中心平面为对称布置的车辆。通常称为正三轮摩托车。

1.1.2 按用途和结构特点分类

我国把摩托车产品分为两大类，即轻便摩托车和摩托车。按原标准规定，凡是发动机排量不大于50mL，最高设计车速不超过50km/h的为轻便摩托车；发动机排量为50mL及其以上，或最高设计车速超过50km/h的为摩托车。轻便摩托车又分为轻便两轮摩托车和轻便三轮摩托车。

摩托车分为三大类十五种车型。

❶ 两轮车（图1-1-1）：普通车、微型车、越野车、普通赛车、微型赛车、越野赛车、特种车。

图1-1-1　普通两轮摩托车

❷ 边三轮车（图1-1-2）：普通边三轮车、特种边三轮车（警车、消防车）。

图1-1-2　边三轮摩托车

❸ 正三轮车（图1-1-3）：普通正三轮车（客车、货车）、专用正三轮车（容罐车、自卸车、冷藏车）。

图 1-1-3　正三轮摩托车

以上一些车型的定义如下。

两轮车：装有一个驱动轮与一个从动轮的摩托车。

普通车：骑式或坐式车架，轮辋基本直径不小于304mm，适于在公路或城市道路上行驶的两轮车。

微型车：骑式或坐式车架，轮辋基本直径不大于254mm，适于在公路或城市道路上行驶的两轮车。

越野车：骑式车架，宽型方向把，越野型轮胎，剩余垂直轮隙及离地间隙大，适于在非公路地区行驶的两轮车。

普通赛车：骑式车架，狭窄方向把，坐垫偏后，轮辋基本直径不小于304mm，装有大功率、高转速发动机，专用于特定跑道上竞赛车速的两轮车。

微型赛车：骑式或坐式车架，轮辋基本直径不小于254mm，装有大功率、高转速发动机，专用于特定跑道上竞赛车速的两轮车。

越野赛车：具有越野性能，装有大功率发动机，专用于非公路地区竞赛车速的两轮车。

特种车：经过改装之后用于完成特殊任务的两轮车，例如开道用警车。

边三轮车：在两轮车的一侧装有边车的摩托车。

普通边三轮车：用于载运乘员或货物的边三轮车。

特种边三轮车：装有特种装备，用于完成特殊任务的边三轮车，例如警用边三轮车。

正三轮车：装有与前轮对称分布的两个后轮的摩托车。

普通正三轮车：用于载运乘员或货物的正三轮车。

专用正三轮车：装有专用设备，用于完成指定任务的正三轮车。

1.2 摩托车的结构

1.2.1 摩托车的基本组成

摩托车由发动机、传动系统、行走系统、转向和制动系统等组成。

（1）发动机

❶ 摩托车发动机的特点。发动机为二冲程或四冲程汽油机。

采用风冷冷却，有自然风冷与强制风冷两种。一般机型采用依靠行驶中空气吹过气缸盖、气缸套上散热片带走热量的自然风冷冷却方式。大功率摩托车发动机为了保证车速较低与未起步行驶前发动机的冷却，采用装风扇和导风罩，利用强制导入的空气将散热片吹冷的强制风冷冷却方式。

发动机的转速高，一般在5000r/min以上。升功率（每升发动机排量所发出的有效功率）大，一般在60kW/L左右。这说明摩托车发动机的强化程度高，发动机外形尺寸小。

发动机曲轴箱与离合器、变速箱设计一体，结构紧凑。

❷ 机体。机体由气缸盖、气缸体和曲轴箱三部分组成，新型的四冲程摩托车发动机均采用顶置气门、链条传动、顶置凸轮轴结构方式。气缸体材料以双金属（耐磨铸铁缸套外浇铸铝散热片）为多，以得到较好的散热效果。有些摩托车采用耐磨铸铁缸体，如长江750型、嘉陵JH70型，在一些小型轻便摩托车上，如玉河牌YH50Q型小排量（50cm^3）发动机，采用铝合金缸体内壁镀0.15mm硬铬层的结构。曲轴箱经铝合金压铸，由左右两箱体组合而成。

❸ 曲柄连杆。摩托车发动机的曲轴采用组合式，由左半曲轴、右半曲轴和曲柄销压合而成。左右两半轴的主轴颈上装有滚珠轴承，用以将曲轴支承在曲轴箱上。曲轴的两端分别装有飞轮、磁电机及离合器主动齿轮。连杆为整体式结构，大头为圆环状，内装有滚针轴承与曲柄销组合而成的曲柄连杆组。在二冲程发动机中，活塞环在安装时要注意将活塞环的开口处对准活塞槽里的定位销，防止活塞环在环槽内转动，产生漏气，划伤缸套上的进、排气口。

❹ 化油器。化油器是摩托车燃料供给系统中的一个重要部件，位于空气滤清器与发动机进气口之间。一般摩托车发动机均采用进气气流方向为平吸式，节气阀为柱塞式，浮子室式化油器。化油器主要由浮子室和混合室两大部分组成。浮子室位于化油器的下方，有油管经油门开关通往油箱，通过浮子上的针阀，保持浮子室内油面一定的高度，使供油压力稳定。混合室的作用是将汽油蒸发雾化并与空气混合，使发动机在各种负荷和转速下都能得到所需的混合气。

它由节气阀、喷油针、喷油管、气道和油道等组成。

通过摩托车油门手柄的转动,带动油门钢索操纵节气阀与喷油针的上下移动,改变进气喉管截面与供油量,以适应不同转速、负荷下对混合气的需要。在化油器的一侧装有怠速调节螺钉用来调整怠速。怠速止挡螺钉用来防止节气阀转动和调整节气阀的最小开度。节气阀的上方有回位弹簧,在油门手把不转动时使节气阀处于关闭位置。

在有些二冲程摩托车发动机上,为避免低速时化油器出现反喷现象,在化油器与气缸体之间装有控制进气的单向簧片阀。簧片由薄弹簧钢片制成,阀座为铝合金件,其上开有进气口,进气口平面与簧片接触部件粘贴一层油橡胶,以减轻簧片与阀座的撞击和振动。在吸气时,曲轴箱内形成一定的真空度,在压差的作用下簧片阀打开,混合气进入曲轴箱,当活塞下行,换气口尚未开启的瞬间,曲轴箱内压力升高,簧片阀关闭,阻止混合气倒流,提高了发动机低速时的动力性和经济性。

❺ 润滑系统。四冲程发动机采用飞溅润滑与压力滑润相结合的滑润方式。二冲程发动机一般多采用在汽油内混入一定比例的QB级汽油机机油的混合润滑方式。但这种滑润方式的混合油无论发动机工况如何,均按已定的比例供给滑润油,增加了润滑油的消耗,燃烧不完全,积炭较多,有排气污染。新一代的二冲程发动机都采用分离滑润方式,装置了单独的滑润油箱和机油泵。一般采用往复柱塞式可变供油量油泵,由曲轴齿轮通过蜗轮、蜗杆驱动。供油量通过油门手把、操纵钢索与化油器节气阀联动,使机油供给量随发动机转速的变化而改变,高速时供油多,低速时供油少,供油合理,与混合滑润方式相比可节省较多的机油。机油经高速混合气吹散成微小的油雾,供给需要滑润的部位,减少进入燃烧室的机油,混合气燃烧完全,减少积炭及排气污染。

❻ 启动。摩托车以脚蹬启动方式为主。启动机构一般为扇形齿轮机构,如幸福XF250摩托车上即配置了扇形齿轮启动机构。脚蹬启动变速杆带动扇形齿轮、启动棘轮、离合器总成链轮、前链条、曲轴链轮驱动曲轴旋转,启动发动机。当发动机启动后,靠启动棘轮的单向作用及回位弹簧的作用使启动机构恢复原始位置。这种启动机构,启动时把启动变速杆拨到空挡位置,踩下脚蹬即可启动。

另一种为一些引进机型所采用的启动蹬杆式启动机构。与前者不同,启动时首先要捏紧离合器手把,使离合器分离,变速杆可放在任何挡位,不必一定要放在空挡,启动后松开离合器,加大油门即可起步。当踩下启动蹬杆时,启动蹬杆轴上的棘爪与启动蹬杆传动齿轮的内棘齿啮合,使传动齿轮转动,经空转齿轮、从动齿轮、离合器齿轮、启动小齿轮驱动曲轴旋转启动发动机。启动后,脚离开启动蹬杆,复位弹簧使蹬杆反向转动、棘爪脱离与内棘齿的啮合,恢复原始位置。

对于排量较大的摩托车，如长江750D摩托车、山叶（YAMAHA）两缸摩托车、铃木（SUZUKI）GT750三缸摩托车、本田（HONDA）CL1000四缸摩托车等，都采用启动电机启动。

（2）传动系统

摩托车的传动系统包括初级减速、离合器、次级减速及传动等几部分。

❶ 初级减速。初级减速主要由装在曲轴端的主动链轮（主动齿轮）、套筒滚子链条和离合器上的从动链轮（从动齿轮）组成，作为一次减速并将发动机动力传到离合器。

❷ 离合器。

a.湿式多片摩擦式离合器。离合器总成浸在机油中工作，分主动、从动和分离三部分。发动机的动力经链轮式齿轮传到主动罩，罩的周边开有沟槽，并嵌有橡胶软木摩擦材料的摩擦片（主动片），其外沿的凸块放置在主动罩的沟槽中随之一同旋转，为离合器的主动部分。四个钢质从动片通过内齿与从动片固定盘相连接构成从动部分。主、从动片交错安装，固定盘用内花键与变速箱主轴相连，在压盖上的四个离合器弹簧，紧压着摩擦片和从动片，将动力传到变速箱。离合器为常接合型，当紧捏离合器手把通过钢索使螺套在左罩内转动时，螺套中的调节螺钉右移，推动分离推杆和压盖，弹簧压力消失，摩擦片与从动片分离。

b.自动离心式离合器。这种结构用在雅马哈CY80、铃木FR50等轻便摩托车上，根据发动机转速的高低来自动控制离合器的分离与接合。离合器由主动、从动和分离接合机构组成。主动部分由离合器外罩、止推片、离合器片等组成。从动部分由摩擦片、中心套等组成。当发动机运转时，随着转速的升高，钢球所产生的离心力也随着增大，其轴向分力克服分离弹簧的张力沿离合器外罩内的沟槽向外移动，压迫止推片紧压离合器片、摩擦片使离合器处于接合状态，将动力输出。当发动机转速降低至怠速或熄火时，钢球离心力减小或没有，分离弹簧的张力克服钢球离心力使钢球沿沟槽退回原位，离合器分离。

c.蹄块式自动离合器。这种结构在一些微型摩托车中使用，主动部分为由曲轴带动的固定座，座上有三个蹄块总成，并用销轴连接在固定座上，弹簧将蹄块拉向曲轴中心，使蹄块总成的蹄片与从动部分的离合器盘之间保持一定的间隙。当转速增高，蹄块产生的离心力大于弹簧的拉力时，就向外甩开，当离心力大到一定值时就与离合器盘接合，产生摩擦力，带动从动部分转动，传递动力。

❸ 次级减速及传动。随着摩托车机型的不同，有皮带传动、链传动和万向节轴传动三种传动方式。微型摩托车多用皮带传动作后传动方式，主、从动皮

带轮的大小决定次级减速比。一般摩托车均采用链传动作后传动方式。链传动的结构简单，零件少，制造和修理都方便。在变速箱的输出轴上有后传动主动链轮，后轮上有从动链轮，用相应的套筒滚子链条传递动力。对于较大功率发动机的摩托车（如长江750摩托车），其后传动方式采用万向节轴传动。

（3）行走系统

行走系统的作用是支撑全车及装载的重量，保证操纵的稳定和乘坐的舒适。行走系统主要包括车架、前叉、前后减振器、车轮等。

❶ 车架。它是整个摩托车的骨架，由钢管、钢板焊接而成。它将发动机、变速箱、前叉、后悬挂等互相连接起来并有较高的强度与刚度。小型摩托车多采用钢板冲压、拼焊而成的脊骨型车架。一般摩托车采用钢管焊接的框架、摇篮式车架或钢板、钢管的组合车架。一些大功率发动机摩托车采用钢管焊接的双托架摇篮式车架。

❷ 前叉。前叉是摩托车的导向机构，把车架与前轮有机地连接起来，前叉由前减振器、上下连板、方向柱等组成。方向柱与下连板焊接在一起，方向柱套装在车架的前套管内，为了使方向柱转动灵活，在其上下轴颈部位装有轴向推力球轴承，通过上下连板将左右两个前减振器连成前叉。

❸ 前后减振器。前减振器用于衰减由于前轮冲击载荷引起的振动，保持摩托车行驶平稳。

后减振器与车架的后摇臂组成摩托车的后悬挂装置。后悬挂装置是车架与后轮之间的弹性连接装置，承担摩托车的负载，缓减、吸收因路面不平而传给后轮的冲击和振动。

❹ 车轮。摩托车的前轮为导向轮，后轮为驱动轮，均为辐条式车轮。车轮由轮胎（内、外胎）、轮辋、辐条、轮毂、刹车制动钢圈、轴承、前后轴组合而成。轮辋（钢圈）由钢板滚轧焊接而成，轮毂由铝合金压铸，并将制动钢圈镶嵌压铸成一体，两端部有凸缘用以安装辐条。辐条外形与自行车车条相似，用以连接轮辋和轮毂。轮毂内装有制动器，前轮还装有速度表的蜗轮、蜗杆，后轮装有驱动机构。

（4）转向和制动系统

❶ 转向。前轮与车把配合控制摩托车的行驶方向。车把安装于上连板上，当车把绕方向柱转动时，上下连板随之转动，并通过前减振器带动前轮左右转动。车把右端装有控制化油器节气阀开度大小的油门把柄和控制前轮制动器的闸把；左端装有控制离合器的握把和手柄。在车把左右两端还装有后视镜和各种电器开关。手把、闸把通过钢索控制前轮制动器、离合器及化油器。

❷ 制动。一般前轮制动由手捏闸把来控制，后轮制动由脚踩制动踏板来完成。摩托车的制动装置有机械鼓式制动器和液压盘式制动器两种。机械鼓式制

动器的结构与汽车、拖拉机上的相似，制动蹄块由铝合金压铸成形，上面粘有摩擦制动片，通过制动臂转动制动凸轮并推开制动蹄块达到制动的目的。

　　制动器由油箱、柱塞阀油泵（均在车把上）、液压油管、制动钳、制动盘等组成。制动钳与前叉导向件固定在一起，是制动装置的固定部分。制动盘与车轮固定在一起，随车轮旋转。制动时，握紧闸把，柱塞阀移动，推动液压油沿液压油管进入制动钳的两个油缸。在压力油的作用下，油缸推动摩擦片从两边紧紧夹住制动盘，产生很大的摩擦阻力，迫使车轮停止转动。放松闸把时，液压油路中的压力迅速回降，油缸带动摩擦片恢复原位，解除制动。

第 2 章 交通信号

2.1 交通信号灯

交通信号灯是指挥交通运行的信号灯,一般由红灯、绿灯、黄灯组成。红灯表示禁止通行,绿灯表示准许通行,黄灯表示警示。

交通信号灯分为:机动车信号灯、非机动车信号灯、人行横道信号灯、方向指示信号灯(箭头信号灯)、车道信号灯、闪光警告信号灯、道路与铁路平面交叉道口信号灯,如图2-1-1所示。

(1)机动车信号灯和非机动车信号灯。

机动车信号灯是由红色、黄色、绿色三个无图案圆形单位组成的一组灯,指导机动车通行。

非机动车信号灯是由红色、黄色、绿色三个内有自行车图案的圆形单位组成的一组灯,指导非机动车通行。

绿灯亮时,准许车辆通行,但

(a)机动车信号灯

(b)非机动车信号灯和人行横道信号灯

(c)方向指示信号灯(箭头信号灯)和车道信号灯

(d)闪光警告信号灯

(e)道路与铁路平面交叉道口信号灯

图 2-1-1 交通信号灯

转弯的车辆不得妨碍被放行的直行车辆、行人通行。

黄灯亮时，已越过停止线的车辆可以继续通行。

红灯亮时，禁止车辆通行。

在未设置非机动车信号灯和人行横道信号灯的路口，非机动车和行人应当按照机动车信号灯的指示通行。

红灯亮时，右转弯的车辆在不妨碍被放行的车辆、行人通行的情况下，可以通行。

（2）人行横道信号灯是由内有红色行人站立图案和内有绿色行人行走图案组成的一组信号灯，指导行人通行。

绿灯亮时，准许行人通过人行横道。

红灯亮时，禁止行人进入人行横道，但是已经进入人行横道的，可以继续通过或者在道路中心线处停留等候。

（3）方向指示信号灯是由红色、黄色、绿色三个内有箭头图案组成的一组信号灯，用于指导机动车按指示方向通行。

箭头方向向左、向上、向右分别表示左转、直行、右转。

（4）车道信号灯是由叉形图案和箭头图案组成的信号灯，指导本车道内车辆按指示通行。

绿色箭头灯亮时，准许本车道车辆按指示方向通行。

红色叉形灯或箭头灯亮时，禁止本车道车辆通行。

（5）闪光警告信号灯为持续闪烁的黄灯，提示车辆、行人通行时注意瞭望，确认安全后通过。

（6）道路与铁路平面交叉道口信号灯是设置在道路与铁路相交路口的两个或一个红色信号灯，用于指导车辆和行人通行。

两个红灯交替闪烁或者一个红灯亮时，表示禁止车辆、行人通行；红灯熄灭时，表示允许车辆、行人通行。

2.2 交通标志

交通标志是指用文字或符号传递引导、限制、警告或指示信息的道路设施，又称道路标志、道路交通标志。设置醒目、清晰、明亮的交通标志是实施交通管理，保证道路交通安全、顺畅的重要措施。交通标志有多种类型，可分为：主要标志和辅助标志；可动式标志和固定式标志；照明标志、发光标志和反光标志；反映行车环境变化的可变信息标志。

2.2.1 警告标志

起警告作用,是警告车辆、行人注意危险地点的标志。颜色为黄底、黑边、黑图案,形状为顶角朝上的等边三角形。

(1)交叉路口标志用以警告车辆驾驶人谨慎慢行,注意横向来车(图2-2-1)。

图 2-2-1 交叉路口标志

(2)向右急转弯标志用以警告车辆驾驶人减速慢行(图2-2-2)。
(3)向左急转弯标志用以警告车辆驾驶人减速慢行(图2-2-3)。
(4)连续弯路标志用以警告车辆驾驶人减速慢行(图2-2-4)。
(5)上坡路标志用以提醒车辆驾驶人小心驾驶(图2-2-5)。
(6)下坡路标志用以提醒车辆驾驶人小心驾驶(图2-2-6)。

图 2-2-2 向右急转弯标志　　图 2-2-3 向左急转弯标志　　图 2-2-4 连续弯路标志　　图 2-2-5 上坡路标志　　图 2-2-6 下坡路标志

(7)连续下坡路标志用以提醒车辆驾驶人小心驾驶(图2-2-7)。
(8)两侧变窄标志用以警告车辆驾驶人注意前方两侧车行道或路面狭窄情况,遇有来车应减速避让(图2-2-8)。
(9)右侧变窄标志用以警告车辆驾驶人注意前方右侧车行道或路面狭窄情况,遇有来车应减速避让(图2-2-9)。
(10)左侧变窄标志用以警告车辆驾驶人注意前方左侧车行道或路面狭窄情况,遇有来车应减速避让(图2-2-10)。
(11)窄桥标志用以警告车辆驾驶人注意前方桥面宽度变窄,应谨慎驾驶(图2-2-11)。

图 2-2-7　　　　图 2-2-8　　　　图 2-2-9　　　　图 2-2-10　　　　图 2-2-11
连续下坡路标志　两侧变窄标志　右侧变窄标志　左侧变窄标志　窄桥标志

（12）易滑标志用以提醒车辆驾驶人注意慢行（图2-2-12）。

（13）双向交通标志用以提醒车辆驾驶人注意会车（图2-2-13）。

（14）注意行人标志用以警告车辆驾驶人减速慢行，注意行人（图2-2-14）。

（15）注意儿童标志用以警告车辆驾驶人减速慢行，注意儿童（图2-2-15）。

（16）注意牲畜标志用以提醒车辆驾驶人注意慢行（图2-2-16）。

图 2-2-12　　　图 2-2-13　　　图 2-2-14　　　图 2-2-15　　　图 2-2-16
易滑标志　　双向交通标志　注意行人标志　注意儿童标志　注意牲畜标志

（17）渡口标志用以提醒车辆驾驶人谨慎驾驶（图2-2-17）。

（18）注意野生动物标志用以提醒车辆驾驶人注意慢行（图2-2-18）。

（19）注意信号灯标志用以警告车辆驾驶人注意前方路段设有信号灯，应依信号灯指示行车（图2-2-19）。

（20）村庄标志用以提醒车辆驾驶人小心驾驶（图2-2-20）。

（21）注意落石标志用以提醒车辆驾驶人注意落石（图2-2-21）。

图 2-2-17　　　图 2-2-18　　　图 2-2-19　　　图 2-2-20　　　图 2-2-21
渡口标志　　注意野生动物标志　注意信号灯标志　村庄标志　注意落石标志

（22）注意横风标志用以提醒车辆驾驶人小心驾驶（图2-2-22）。

（23）傍山险路标志用以提醒车辆驾驶人小心驾驶（图2-2-23）。

（24）堤坝路标志用以提醒车辆驾驶人小心驾驶（图2-2-24）。

（25）隧道标志用以提醒车辆驾驶人注意慢行（图2-2-25）。

（26）驼峰桥标志用以提醒车辆驾驶人谨慎驾驶（图2-2-26）。

图 2-2-22 注意横风标志　　图 2-2-23 傍山险路标志　　图 2-2-24 堤坝路标志　　图 2-2-25 隧道标志　　图 2-2-26 驼峰桥标志

（27）路面不平标志用以提醒车辆驾驶人减速慢行（图2-2-27）。

（28）路面高突标志用以提醒车辆驾驶人减速慢行（图2-2-28）。

（29）路面低洼标志用以提醒车辆驾驶人减速慢行。设在路面突然低洼之前适当位置（图2-2-29）。

（30）过水路面标志用以提醒车辆驾驶人谨慎慢行（图2-2-30）。

（31）有人看守铁道路口标志用以警告车辆驾驶人注意慢行或及时停车（图2-2-31）。

图 2-2-27 路面不平标志　　图 2-2-28 路面高突标志　　图 2-2-29 路面低洼标志　　图 2-2-30 过水路面标志　　图 2-2-31 有人看守铁道路口标志

（32）无人看守铁道路口标志用以警告车辆驾驶人注意慢行或及时停车（图2-2-32）。

（33）叉形符号标志用以警告车辆驾驶人注意慢行或及时停车（图2-2-33）。

（34）注意非机动车标志用以提醒车辆驾驶人注意慢行（图2-2-34）。

（35）注意残疾人标志用以提醒车辆驾驶人减速慢行，注意残疾人（图2-2-35）。

图 2-2-32 无人看守铁道路口标志　　图 2-2-33 叉形符号标志　　图 2-2-34 注意非机动车标志　　图 2-2-35 注意残疾人标志

（36）事故易发路段标志用以告示前方道路为事故易发路段，谨慎驾驶（图2-2-36）。

（37）慢行标志用以提醒车辆驾驶人减速慢行（图2-2-37）。

（38）右侧绕行标志用以告示前方右侧道路有障碍物，车辆应按标志指示减速慢行（图2-2-38）。

（39）左侧绕行标志用以告示前方左侧道路有障碍物，车辆应按标志指示减速慢行（图2-2-39）。

（40）左右绕行标志用以告示前方两侧道路有障碍物，车辆应按标志指示减速慢行（图2-2-40）。

图2-2-36 事故易发路段标志　　图2-2-37 慢行标志　　图2-2-38 右侧绕行标志　　图2-2-39 左侧绕行标志　　图2-2-40 左右绕行标志

（41）注意危险标志用以提醒车辆驾驶人谨慎驾驶（图2-2-41）。

（42）施工标志用以告示前方道路施工，车辆应减速慢行或绕道行驶（图2-2-42）。

（43）建议减速标志用以提醒车辆驾驶人以建议的速度行驶，设在弯道、出口、匝道的适当位置（图2-2-43）。

（44）隧道开车灯标志用以警告车辆驾驶人进入隧道前打开前照灯，注意行驶（图2-2-44）。

（45）注意潮汐车道标志用以警告车辆驾驶人注意前方为潮汐车道（图2-2-45）。

图2-2-41 注意危险标志　　图2-2-42 施工标志　　图2-2-43 建议减速标志　　图2-2-44 隧道开车灯标志　　图2-2-45 注意潮汐车道标志

（46）避险车道标志设置在避险车道的道路上，在其前方适当位置应至少设置一块避险车道标志（图2-2-46）。

（47）注意合流标志用以警告车辆驾驶人注意前方有车辆汇合进来（图2-2-47）。

（48）丁字平面交叉标志用以警告车辆驾驶人注意前方平面交叉的被交道路

是分离式道路（图2-2-48）。

（49）十字平面交叉标志用以警告车辆驾驶人注意前方平面交叉的被交道路是分离式道路（图2-2-49）。

图 2-2-46　　　　图 2-2-47　　　　图 2-2-48　　　　图 2-2-49
避险车道标志　　注意合流标志　　丁字平面交叉标志　十字平面交叉标志

（50）注意保持车距标志用以警告车辆驾驶人注意与前车保持安全距离（图2-2-50）。

（51）注意前方车辆排队标志用以警告车辆驾驶人注意前方车辆排队（图2-2-51）。

（52）注意不利气象条件标志用以警告车辆驾驶人注意不利气象条件，谨慎驾驶（图2-2-52）。

图 2-2-50　　　　　　图 2-2-51　　　　　　图 2-2-52
注意保持车距标志　　注意前方车辆排队标志　　注意不利气象条件标志

（53）注意路面结冰标志用以警告车辆驾驶人注意路面结冰，谨慎驾驶（图2-2-53）。

（54）注意雾天标志用以警告车辆驾驶人注意雾天，谨慎驾驶（图2-2-54）。

（55）注意雨（雪）天标志用以警告车辆驾驶人注意雨（雪）天，谨慎驾驶（图2-2-55）。

图 2-2-53　　　　　图 2-2-54　　　　　图 2-2-55
注意路面结冰标志　　注意雾天标志　　注意雨（雪）天标志

2.2.2 禁令标志

禁令标志起到禁止某种行为的作用，是禁止或限制车辆、行人交通行为的标志。除个别标志外，颜色为白底、红圈、红杠、黑图案，图案压杠；形状为圆形、八角形、顶角朝下的等边三角形。设置在需要禁止或限制车辆、行人交通行为的路段或交叉口附近。

（1）停车让行标志表示车辆驾驶人应在停止线前停车瞭望，确认安全后，方可通行（图2-2-56）。

（2）减速让行标志表示车辆应减速让行，告示车辆驾驶人应慢行或停车，观察干道行车情况，在确保干道车辆优先，确保安全的前提下，方可进入路口（图2-2-57）。

（3）会车让行标志表示车辆会车时，应停车让对方车先行（图2-2-58）。

（4）禁止通行标志表示禁止一切车辆和行人通行（图2-2-59）。

（5）禁止驶入标志表示禁止一切车辆驶入（图2-2-60）。

图 2-2-56
停车让行标志

图 2-2-57
减速让行标志

图 2-2-58
会车让行标志

图 2-2-59
禁止通行标志

图 2-2-60
禁止驶入标志

（6）禁止机动车驶入标志表示禁止各类机动车驶入（图2-2-61）。

（7）禁止载货汽车驶入标志表示禁止载货汽车驶入（图2-2-62）。

（8）禁止电动三轮车驶入标志表示禁止电动三轮车驶入（图2-2-63）。

（9）禁止大型客车驶入标志表示禁止大型客车驶入（图2-2-64）。

（10）禁止小型客车驶入标志表示禁止小型客车驶入（图2-2-65）。

图 2-2-61
禁止机动车驶入标志

图 2-2-62
禁止载货汽车驶入标志

图 2-2-63
禁止电动三轮车驶入标志

图 2-2-64
禁止大型客车驶入标志

图 2-2-65
禁止小型客车驶入标志

（11）禁止挂车、半挂车驶入标志表示禁止挂车、半挂车驶入（图2-2-66）。

（12）禁止拖拉机驶入标志表示禁止各类拖拉机驶入（图2-2-67）。

（13）禁止三轮汽车、低速货车驶入标志表示禁止三轮汽车、低速货车驶入（图2-2-68）。

（14）禁止摩托车驶入标志表示禁止摩托车驶入（图2-2-69）。

（15）禁止标志上所示的两种车辆驶入标志表示禁止标志上所示的两种车辆驶入（图2-2-70）。

图 2-2-66 禁止挂车、半挂车驶入标志　　图 2-2-67 禁止拖拉机驶入标志　　图 2-2-68 禁止三轮汽车、低速货车驶入标志　　图 2-2-69 禁止摩托车驶入标志　　图 2-2-70 禁止标志上所示的两种车辆驶入标志

（16）禁止各类非机动车进入标志表示禁止各类非机动车进入（图2-2-71）。

（17）禁止畜力车进入标志表示禁止畜力车进入（图2-2-72）。

（18）禁止人力货运三轮车进入标志表示禁止人力货运三轮车进入（图2-2-73）。

（19）禁止人力客运三轮车进入标志表示禁止人力客运三轮车进入（图2-2-74）。

（20）禁止人力车进入标志表示禁止人力车进入（图2-2-75）。

图 2-2-71 禁止各类非机动车进入标志　　图 2-2-72 禁止畜力车进入标志　　图 2-2-73 禁止人力货运三轮车进入标志　　图 2-2-74 禁止人力客运三轮车进入标志　　图 2-2-75 禁止人力车进入标志

（21）禁止行人进入标志表示禁止行人进入（图2-2-76）。

（22）禁止向右转弯标志表示前方路口禁止一切车辆向右转弯（图2-2-77）。

（23）禁止向左转弯标志表示前方路口禁止一切车辆向左转弯（图2-2-78）。

（24）禁止小客车向右转弯标志表示前方路口禁止小客车向右转弯（图2-2-79）。

（25）禁止载货汽车左转标志表示前方路口禁止载货汽车向左转弯（图2-2-80）。

图 2-2-76　　　图 2-2-77　　　图 2-2-78　　　图 2-2-79　　　图 2-2-80
禁止行人　　　禁止向右　　　禁止向左　　　禁止小客车　　禁止载货汽车
进入标志　　　转弯标志　　　转弯标志　　　向右转弯标志　　左转标志

（26）禁止直行标志表示前方路口禁止一切车辆直行（图2-2-81）。

（27）禁止向左向右转弯标志表示前方路口禁止一切车辆向左向右转弯（图2-2-82）。

（28）禁止直行和向右转弯标志表示前方路口禁止一切车辆直行和向右转弯（图2-2-83）。

（29）禁止直行和向左转弯标志表示前方路口禁止一切车辆直行和向左转弯（图2-2-84）。

（30）禁止掉头标志表示禁止机动车掉头（图2-2-85）。

图 2-2-81　　　图 2-2-82　　　图 2-2-83　　　图 2-2-84　　　图 2-2-85
禁止直行标志　禁止向左向　　禁止直行和　　禁止直行和　　禁止掉头标志
　　　　　　　右转弯标志　　向右转弯标志　向左转弯标志

（31）禁止超车标志表示该标志至前方解除禁止超车标志的路段内，不允许机动车超车（图2-2-86）。

（32）解除禁止超车标志表示禁止超车路段结束（图2-2-87）。

（33）禁止停车标志表示在限定的范围内，禁止一切车辆停放（图2-2-88）。

（34）禁止长时停车标志表示在限定的范围内，禁止一切车辆长时停放，临时停车不受限制（图2-2-89）。

（35）禁止鸣喇叭标志表示禁止车辆鸣喇叭（图2-2-90）。

（36）限制宽度标志表示禁止装载宽度超过标志所示数值的车辆通行（图2-2-91）。

（37）限制高度标志表示禁止装载高度超过标志所示数值的车辆通行（图2-2-92）。

图 2-2-86 禁止超车标志　　图 2-2-87 解除禁止超车标志　　图 2-2-88 禁止停车标志　　图 2-2-89 禁止长时停车标志　　图 2-2-90 禁止鸣喇叭标志

（38）限制质量标志表示禁止总质量超过标志所示数值的车辆通行（图2-2-93）。

（39）限制速度标志表示该标志至前方解除限制速度标志或另一个不同限速值的限制速度标志的路段内，机动车行驶速度（单位为千米/小时）不准超过标志所示数值（图2-2-94）。

（40）解除限制速度标志表示限制速度路段结束（图2-2-95）。

图 2-2-91 限制宽度标志　　图 2-2-92 限制高度标志　　图 2-2-93 限制质量标志　　图 2-2-94 限制速度标志　　图 2-2-95 解除限制速度标志

（41）停车检查标志表示机动车应停车接受检查（图2-2-96）。

（42）禁止运输危险物品车辆驶入标志表示禁止运输危险物品车辆驶入（图2-2-97）。

（43）海关标志表示道路前方是海关，所有机动车应停车检查，合格后方可通过（图2-2-98）。

（44）区域禁止长时停车标志表示区域禁止长时停车（图2-2-99）。

（45）区域禁止长时停车解除标志表示区域禁止长时停车解除（图2-2-100）。

图 2-2-96 停车检查标志　　图 2-2-97 禁止运输危险物品车辆驶入标志　　图 2-2-98 海关标志　　图 2-2-99 区域禁止长时停车标志　　图 2-2-100 区域禁止长时停车解除标志

（46）区域禁止停车标志表示区域禁止停车（图2-2-101）。
（47）区域禁止停车解除标志表示区域禁止停车解除（图2-2-102）。
（48）区域限制速度标志表示区域限制速度（图2-2-103）。
（49）区域限制速度解除标志表示区域限制速度解除（图2-2-104）。

图2-2-101　　　　图2-2-102　　　　图2-2-103　　　　图2-2-104
区域禁止停车标志　区域禁止停车解除标志　区域限制速度标志　区域限制速度解除标志

2.2.3　指示标志

指示标志起指示作用，是指示车辆、行人行进的标志。颜色为蓝底、白图案；形状分为圆形、长方形和正方形；设置在需要指示车辆、行人行进的路段或交叉口附近。

（1）直行标志表示一切车辆只准直行（图2-2-105）。
（2）向左转弯标志表示一切车辆只准向左转弯（图2-2-106）。
（3）向右转弯标志表示一切车辆只准向右转弯（图2-2-107）。
（4）直行和向左转弯标志表示一切车辆只准直行和向左转弯（图2-2-108）。
（5）直行和向右转弯标志表示一切车辆只准直行和向右转弯（图2-2-109）。

图2-2-105　　图2-2-106　　图2-2-107　　图2-2-108　　　图2-2-109
直行标志　　向左转弯标志　向右转弯标志　直行和向左　　直行和向右
　　　　　　　　　　　　　　　　　　　　转弯标志　　　转弯标志

（6）向左和向右转弯标志表示一切车辆只准向左和向右转弯（图2-2-110）。
（7）靠右侧道路行驶标志表示一切车辆只准靠右侧行驶（图2-2-111）。
（8）靠左侧道路行驶标志表示一切车辆只准靠左侧行驶（图2-2-112）。
（9）立体交叉直行和左转弯行驶标志表示一切车辆在立体交叉处可以直行和按图示路线左转弯行驶（图2-2-113）。
（10）立体交叉直行和右转弯行驶标志表示一切车辆在立体交叉处可以直行

和按图示路线右转弯行驶（图2-2-114）。

图 2-2-110　　图 2-2-111　　图 2-2-112　　图 2-2-113　　图 2-2-114
向左和向右　　靠右侧道路　　靠左侧道路　　立体交叉直行和　立体交叉直行和
转弯标志　　　行驶标志　　　行驶标志　　　左转弯行驶标志　右转弯行驶标志

（11）环岛行驶标志表示一切车辆只准靠右环行（图2-2-115）。

（12）单行路（直行）标志表示该道路为单向行驶，已进入车辆应依标志指示方向行车（图2-2-116）。

（13）单行路（向左或向右）标志表示该道路为单向行驶，已进入车辆应依标志指示方向行车（图2-2-117）。

（14）步行标志表示该段道路只供步行，任何车辆不准进入（图2-2-118）。

（15）鸣喇叭标志表示机动车行至该标志处应鸣喇叭，以提醒对向车辆驾驶人注意并减速慢行（图2-2-119）。

图 2-2-115　　图 2-2-116　　　图 2-2-117　　　图 2-2-118　　图 2-2-119
环岛行驶标志　单行路（直行）　单行路（向左或　步行标志　　　鸣喇叭标志
　　　　　　　标志　　　　　　向右）标志

（16）最低限速标志表示机动车驶入前方道路的最低时速限制（图2-2-120）。

（17）路口优先通行标志表示交叉口主要道路上车辆享有优先通行权利（图2-2-121）。

（18）会车先行标志表示车辆在会车时享有优先通行权利（图2-2-122）。

（19）人行横道标志表示该处为人行横道（图2-2-123）。

（20）掉头车道标志表示车道的行驶方向（图2-2-124）。

（21）掉头和左转合用车道标志表示车道的行驶方向（图2-2-125）。

（22）右转车道标志表示车道的行驶方向（图2-2-126）。

（23）直行车道标志表示车道的行驶方向（图2-2-127）。

图 2-2-120　　　图 2-2-121　　　图 2-2-122　　　图 2-2-123　　　图 2-2-124
最低限速标志　　路口优先通行标志　会车先行标志　　人行横道标志　　掉头车道标志

（24）直行和右转合用车道标志表示车道的行驶方向（图2-2-128）。

（25）直行和左转合用车道标志表示车道的行驶方向（图2-2-129）。

图 2-2-125　　　图 2-2-126　　　图 2-2-127　　　图 2-2-128　　　图 2-2-129
掉头和左转　　　右转车道标志　　直行车道标志　　直行和右转　　　直行和左转
合用车道标志　　　　　　　　　　　　　　　　　　合用车道标志　　合用车道标志

（26）左转车道标志表示车道的行驶方向（图2-2-130）。

（27）公交线路专用车道标志表示该车道专供本线路行驶的公交车辆行驶（图2-2-131）。

（28）机动车行驶标志表示该道路只供机动车行驶（图2-2-132）。

（29）机动车车道标志表示该车道只供机动车行驶（图2-2-133）。

（30）非机动车行驶标志表示该道路只供非机动车行驶（图2-2-134）。

图 2-2-130　　　图 2-2-131　　　图 2-2-132　　　图 2-2-133　　　图 2-2-134
左转车道标志　　公交线路专用　　机动车行驶标志　机动车车道标志　非机动车
　　　　　　　　车道标志　　　　　　　　　　　　　　　　　　　　行驶标志

（31）非机动车车道标志表示该车道只供非机动车行驶（图2-2-135）。

（32）快速公交系统专用车道标志表示该车道专供快速公交车辆行驶（图2-2-136）。

（33）多乘员车辆专用车道标志表示该车道只供多乘员的车辆行驶（图2-2-137）。

图 2-2-135
非机动车车道标志

图 2-2-136
快速公交系统专用车道标志

图 2-2-137
多乘员车辆专用车道标志

（34）停车位标志表示机动车允许停放的区域（图2-2-138）。

（35）允许掉头标志表示该处允许机动车掉头（图2-2-139）。

图 2-2-138　停车位标志

图 2-2-139　允许掉头标志

2.2.4　指路标志

指路标志起指路作用，是传递道路方向、地点、距离信息的标志。颜色除里程碑、百米桩外，一般为蓝底、白图案；高速公路标志一般为绿底、白图案；形状除地点识别标志、里程碑、分合流标志外，一般为长方形和正方形。设置在需要传递道路方向、地点、距离信息的路段或交叉口附近。

（1）四车道及以上公路交叉路口预告标志（图2-2-140）。

图 2-2-140　四车道及以上公路交叉路口预告标志

（2）大交通量的四车道以上公路交叉路口预告标志（图2-2-141）。

图2-2-141　大交通量的四车道以上公路交叉路口预告标志

（3）箭头杆上标识公路编号、道路名称的公路交叉路口预告标志（图2-2-142）。

图2-2-142　箭头杆上标识公路编号、道路名称的公路交叉路口预告标志

（4）十字交叉路口标志（图2-2-143）。

图2-2-143　十字交叉路口标志

（5）丁字交叉路口标志（图2-2-144）。

图 2-2-144　丁字交叉路口标志

（6）Y形交叉路口标志（图2-2-145）。

图 2-2-145　Y形交叉路口标志

（7）环形交叉路口标志（图2-2-146）。

图 2-2-146　环形交叉路口标志

（8）互通式立体交叉标志（图2-2-147）。

图 2-2-147　互通式立体交叉标志

（9）分岔处标志（图2-2-148）。

图 2-2-148　分岔处标志

（10）国道编号标志（图2-2-149）。

图 2-2-149　国道编号标志

（11）省道编号标志（图2-2-150）。

图 2-2-150　省道编号标志

（12）县道编号标志（图2-2-151）。

图 2-2-151　县道编号标志

（13）乡道编号标志（图2-2-152）。

图 2-2-152　乡道编号标志

（14）街道名称标志（图2-2-153）。

图 2-2-153　街道名称标志

（15）路名牌标志（图2-2-154）。

图 2-2-154　路名牌标志

（16）地点距离标志（图2-2-155）。

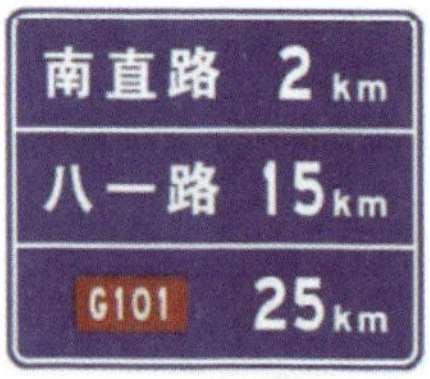

图 2-2-155　地点距离标志

（17）地名标志（图2-2-156）。

图 2-2-156　地名标志

（18）著名地点标志（图2-2-157）。

图 2-2-157　著名地点标志

（19）行政区划分界标志（图2-2-158）。

图 2-2-158　行政区划分界标志

（20）道路管理分界标志（图2-2-159）。

图 2-2-159　道路管理分界标志

（21）地点识别标志（图2-2-160）。

图 2-2-160　地点识别标志

（22）停车场（区）标志（图2-2-161）。

图 2-2-161　停车场（区）标志

（23）错车道标志（图2-2-162）。

图 2-2-162　错车道标志

（24）人行天桥标志（图2-2-163）。

图 2-2-163　人行天桥标志

（25）人行地下通道标志（图2-2-164）。

图 2-2-164　人行地下通道标志

（26）残疾人专用设施标志（图2-2-165）。

图 2-2-165　残疾人专用设施标志

（27）观景台标志（图2-2-166）。

图 2-2-166　观景台标志

（28）应急避难设施（场所）标志（图2-2-167）。

图 2-2-167　应急避难设施（场所）标志

（29）休息区标志（图2-2-168）。

图 2-2-168　休息区标志

(30)绕行标志(图2-2-169)。

图 2-2-169　绕行标志

(31)车道数变少标志(图2-2-170)。

图 2-2-170　车道数变少标志

(32)车道数增加标志(图2-2-171)。

图 2-2-171　车道数增加标志

(33)交通监控设备标志(图2-2-172)。

图 2-2-172　交通监控设备标志

(34)隧道出口距离预告标志(图2-2-173)。

图 2-2-173　隧道出口距离预告标志

(35)线形诱导基本单元标志(图2-2-174)。

图 2-2-174　线形诱导基本单元标志

(36)基本单元组合使用标志(图2-2-175)。

图 2-2-175　基本单元组合使用标志

(37)两侧通行标志(图2-2-176)。

图 2-2-176　两侧通行标志

（38）右侧通行标志（图2-2-177）。

图 2-2-177　右侧通行标志

（39）左侧通行标志（图2-2-178）。

图 2-2-178　左侧通行标志

（40）此路不通标志（图2-2-179）。

图 2-2-179　此路不通标志

（41）里程碑标志（图2-2-180）。

图 2-2-180　里程碑标志

（42）百米桩标志（图2-2-181）。

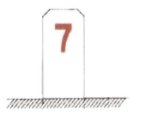

图 2-2-181　百米桩标志

（43）公路界碑标志（图2-2-182）。

图 2-2-182　公路界碑标志

（44）入口预告标志（图2-2-183）。

图 2-2-183　入口预告标志

（45）无统一编号高速公路或城市快速路入口预告标志（图2-2-184）。

图 2-2-184　无统一编号高速公路或城市快速路入口预告标志

（46）两条高速公路共线时入口预告标志（图2-2-185）。

图 2-2-185　两条高速公路共线时入口预告标志

（47）不带编号标识的地点、方向标志（图2-2-186）。

图 2-2-186　不带编号标识的地点、方向标志

（48）带编号标识的地点、方向标志（图2-2-187）。

图 2-2-187　带编号标识的地点、方向标志

（49）编号标志（图2-2-188）。

图 2-2-188　编号标志

（50）命名编号标志（图2-2-189）。

图 2-2-189　命名编号标志

（51）路名标志（图2-2-190）。

图 2-2-190　路名标志

（52）地点距离标志（图2-2-191）。

图 2-2-191　地点距离标志

（53）城市区域多个出口时的地点距离标志（图2-2-192）。

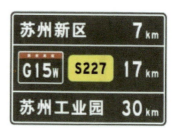

图 2-2-192　城市区域多个出口时的地点距离标志

（54）下一出口预告标志（图2-2-193）。

图 2-2-193　下一出口预告标志

（55）出口编号标志（图2-2-194）。

图 2-2-194　出口编号标志

（56）右侧出口预告标志（图2-2-195）。

图 2-2-195　右侧出口预告标志

（57）左侧出口预告标志（图2-2-196）。

图 2-2-196　左侧出口预告标志

（58）出口标志及出口地点方向标志（图2-2-197）。

图 2-2-197　出口标志及出口地点方向标志

（59）高速公路起点标志（图2-2-198）。

图 2-2-198　高速公路起点标志

（60）无统一编号的高速公路或城市快速路起点标志（图2-2-199）。

图 2-2-199　无统一编号的高速公路或城市快速路起点标志

（61）终点预告标志（图2-2-200）。

图 2-2-200　终点预告标志

（62）无统一编号的高速公路或城市快速路终点预告标志（图2-2-201）。

图 2-2-201　无统一编号的高速公路或城市快速路终点预告标志

（63）终点提示标志（图2-2-202）。

图 2-2-202　终点提示标志

（64）国家高速公路、省级高速公路终点标志（图2-2-203）。

图 2-2-203　国家高速公路、省级高速公路终点标志

（65）无统一编号的高速公路或城市快速路终点标志（图2-2-204）。

图 2-2-204　无统一编号的高速公路或城市快速路终点标志

（66）道路交通信息标志（图2-2-205）。

图 2-2-205　道路交通信息标志

（67）里程牌标志（图2-2-206）。

图 2-2-206　里程牌标志

（68）无统一编号的高速公路或城市快速路里程牌标志（图2-2-207）。

图 2-2-207　无统一编号的高速公路或城市快速路里程牌标志

（69）百米牌标志（图2-2-208）。

图 2-2-208　百米牌标志

（70）特殊天气建议速度标志（图2-2-209）。

图 2-2-209　特殊天气建议速度标志

（71）停车领卡标志（图2-2-210）。

图 2-2-210　停车领卡标志

（72）车距确认标志（图2-2-211）。

图 2-2-211　车距确认标志

（73）紧急电话标志（图2-2-212）。

图 2-2-212　紧急电话标志

（74）电话位置指示标志（图2-2-213）。

图 2-2-213　电话位置指示标志

（75）救援电话标志（图2-2-214）。

图 2-2-214　救援电话标志

（76）未设电子不停车收费（ETC）车道的收费站预告及收费站标志（图2-2-215）。

图 2-2-215　未设电子不停车收费（ETC）车道的收费站预告及收费站标志

（77）设有电子不停车收费（ETC）车道的收费站预告及收费站标志（图2-2-216）。

图 2-2-216　设有电子不停车收费（ETC）车道的收费站预告及收费站标志

（78）超限超载检测站标志（图2-2-217）。

图 2-2-217　超限超载检测站标志

（79）爬坡车道标志（图2-2-218）。

图 2-2-218　爬坡车道标志

（80）计重收费标志（图2-2-219）。

图 2-2-219　计重收费标志

（81）加油站标志（图2-2-220）。

图 2-2-220　加油站标志

（82）紧急停车带标志（图2-2-221）。

图 2-2-221　紧急停车带标志

（83）服务区预告标志（图2-2-222）。

图 2-2-222　服务区预告标志

（84）停车区预告标志（图2-2-223）。

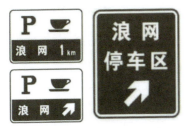

图 2-2-223　停车区预告标志

（85）停车场预告标志（图2-2-224）。

图 2-2-224　停车场预告标志

（86）停车场标志（图2-2-225）。

图 2-2-225　停车场标志

（87）ETC车道指示标志（图2-2-226）。

图 2-2-226　ETC车道指示标志

（88）设置在指路标志版面中的方向标志（图2-2-227）。

图 2-2-227　设置在指路标志版面中的方向标志

（89）设置在指路标志版面外的方向标志（图2-2-228）。

图 2-2-228　设置在指路标志版面外的方向标志

2.2.5 旅游区标志

旅游区标志是提供旅游景点方向、距离的标志。颜色为棕色底、白色字符图案；形状为长方形和正方形。旅游区标志又可分为指引标志和旅游符号两大类，设置在需要指示旅游景点方向、距离的路段或交叉口附近（图2-2-229～图2-2-246）。

图 2-2-229
旅游区距离标志

图 2-2-230
旅游区方向标志（一）

图 2-2-231
旅游区方向标志（二）

图 2-2-232　问讯处标志

图 2-2-233　徒步标志

图 2-2-234　索道标志

图 2-2-235
野营地标志

图 2-2-236
营火标志

图 2-2-237
游戏场标志

图 2-2-238
骑马标志

图 2-2-239
钓鱼标志

图 2-2-240
高尔夫球标志

图 2-2-241
潜水标志

图 2-2-242
游泳标志

图 2-2-243
划船标志

图 2-2-244
冬季游览区标志

图 2-2-245
滑雪标志

图 2-2-246
滑冰标志

2.2.6 道路施工安全标志

道路施工安全标志用于通告道路施工区通行,以提醒车辆驾驶人和行人注意(表2-2-1)。其中,道路施工区标志共有20种,用以通告高速公路及一般道路交通阻断、绕行等情况。设在道路施工、养护等路段前适当位置。

表 2-2-1　道路施工安全标志

续表

移动性施工标志

2.2.7 辅助标志

辅助标志是在主标志无法完整表达或指示其内容时，为维护行车安全与交通畅通而设置的标志，为白底、黑字、黑边框，形状为长方形，附设在主标志下，起辅助说明作用（图2-2-247～图2-2-275）。

图 2-2-247 时间范围标志（一）

图 2-2-248 时间范围标志（二）

图 2-2-249 除公共汽车外

图 2-2-250 机动车

图 2-2-251 货车标志

图 2-2-252 货车拖拉机

图 2-2-253　私人专属标志

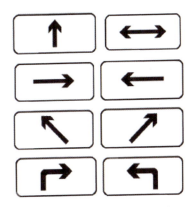

图 2-2-254　行驶方向标志

图 2-2-255　向前 200 米标志

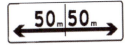

图 2-2-256　向左 100 米标志

图 2-2-257　向左、向右各 50 米标志

图 2-2-258　向右 100 米标志

图 2-2-259　某区域内标志

图 2-2-260　距离某地 200 米标志

图 2-2-261　学校标志

图 2-2-262　海关标志

图 2-2-263　事故标志

图 2-2-264　塌方标志

图 2-2-265　教练车行驶路线标志

图 2-2-266　组合辅助标志

图 2-2-267　校车停靠站点标志

图 2-2-268 严禁酒后驾车标志

图 2-2-272 系安全带标志

图 2-2-269 严禁乱扔弃物标志

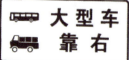

图 2-2-273 大型车靠右标志

图 2-2-270 急弯减速标志

图 2-2-274 驾驶时禁用手持电话标志

图 2-2-271 急弯下坡减速标志

图 2-2-275 校车停靠站点标志

2.3 交通标线

2.3.1 禁止标线

禁止标线如图 2-3-1 ~ 图 2-3-29 所示。

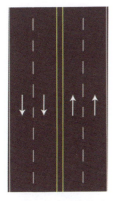

图 2-3-1 双黄实线
（禁止跨越对向车行道分界线）

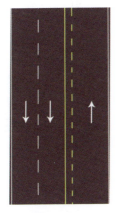

图 2-3-2 黄色虚实线（禁止跨越
对向车行道分界线）

图 2-3-3 黄色单实线
（禁止跨越对向车行道分界线）

图 2-3-4 禁止跨越同向车行道分界线

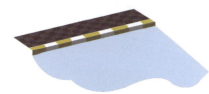

图 2-3-5 禁止长时停车线

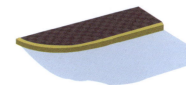

图 2-3-6 禁止停车线

图 2-3-7 信号灯路口的停止线

图 2-3-8 停止线

图 2-3-9　停车让行线

图 2-3-10　减速让行线

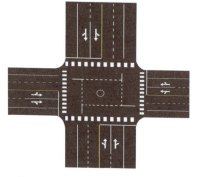

图 2-3-11　非机动车禁驶区标线

图 2-3-12　复杂行驶条件丁字路口导流线

图 2-3-13　十字交叉口导流线设置示例

图 2-3-14　平面环形交叉口导流线设置示例

图 2-3-15　斜交丁字路口导流线

图 2-3-16　不规划路口导流线

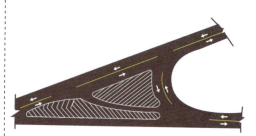

图 2-3-17　Y形路口导流线

图 2-3-18　支路口主干道相交路口导流线

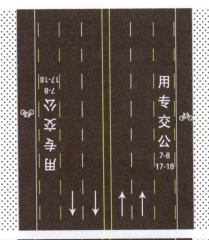

图 2-3-19　圆形中心圈

图 2-3-20　菱形中心圈

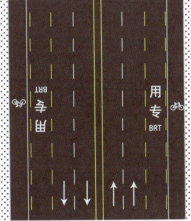

图 2-3-23　公交专用车道线

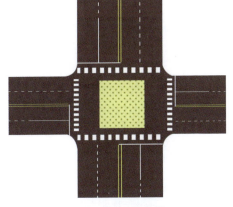

图 2-3-21　网状线

图 2-3-22　简化网状线

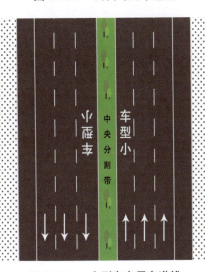

图 2-3-24　小型车专用车道线

图 2-3-25　大型车道线

图 2-3-26　多乘员车辆专用车道线

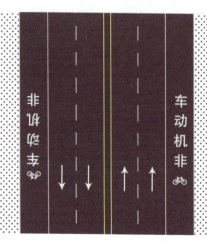

图 2-3-27　非机动车道线

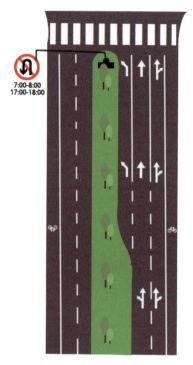

图 2-3-28　禁止掉头标记

图 2-3-29　禁止转弯标记

2.3.2 警告标线

警告标线是促使机动车驾驶人和行人了解道路变化的情况，提高警觉，准确防范，及时采取应变措施的标线，如图 2-3-30～图 2-3-45 所示。

图 2-3-30　三车行道变为双车行道渐变段标线设置示例

图 2-3-32　四车行道变为三车行道渐变段标线设置示例

图 2-3-31　四车行道变为双车行道渐变段标线设置示例

图 2-3-33　三车行道道路填充线渐变段标线设置示例

图 2-3-34 两车行道变为四车行道填充线渐变段标线设置示例

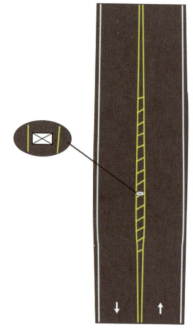

图 2-3-36 双向两车行道道路接近道路中心障碍物标线设置示例

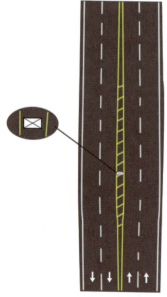

图 2-3-35 双向四车行道道路接近道路中心障碍物标线设置示例

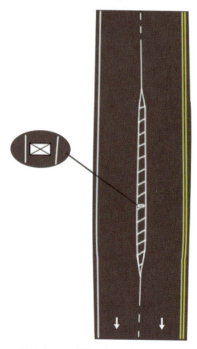

图 2-3-37 接近车行道中障碍物标线设置示例

图 2-3-38　接近实体中央分隔带标线设置示例

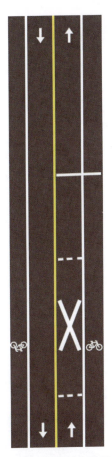

图 2-3-40　铁路平交道口标线

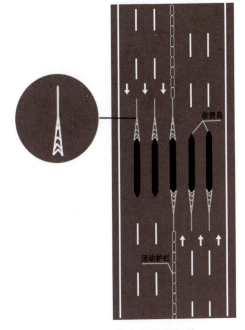

图 2-3-39　收费岛地面标线

图 2-3-41　收费广场减速标线

图 2-3-42　车行道横向减速标线

图 2-3-43
车行道纵向
减速标线

图 2-3-44
车行道纵向减速
标线渐变段

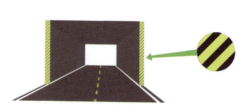

图 2-3-45
立面标记

2.3.3 指示标线

指示标线如图 2-3-46 ~ 图 2-3-93 所示。

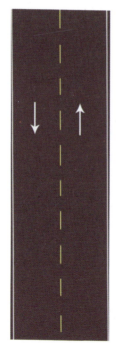

图 2-3-46 可跨越对向车行道分界线

图 2-3-47 可跨越同向车行道分界线

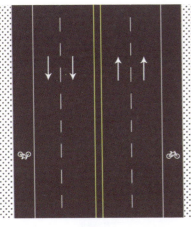

图 2-3-48　可跨越同向车行道分界线

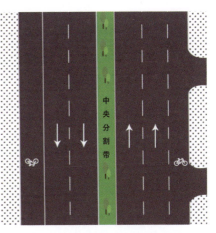

图 2-3-51　车行道边缘白色虚线

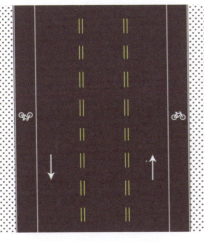

图 2-3-49　潮汐车道线

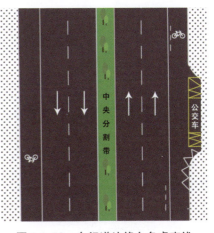

图 2-3-52　车行道边缘白色虚实线

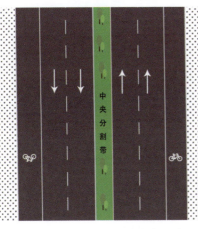

图 2-3-50　车行道边缘白色实线

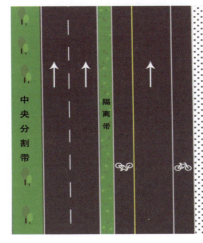

图 2-3-53　黄色单实线车行道边缘线

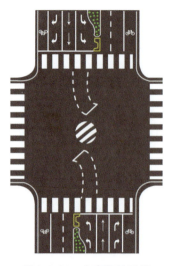

图 2-3-54 左弯待转区线

图 2-3-56 导向车道线

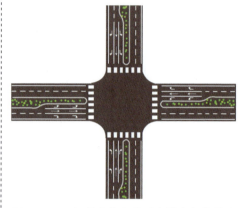

图 2-3-57 与道路中心线垂直的人行横道线

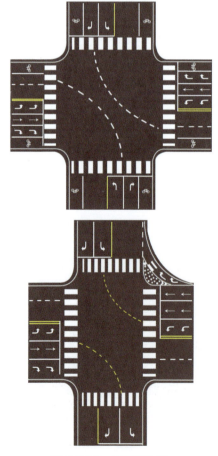

图 2-3-55 路口导向线

图 2-3-58 与道路中心线斜交的人行横道线

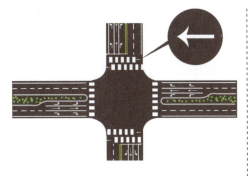

图 2-3-59 行人左右分道的人行横道线

图 2-3-60 人行横道预告标识线

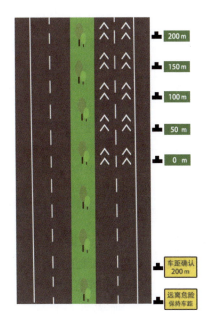

图 2-3-61 白色折线车距确认线

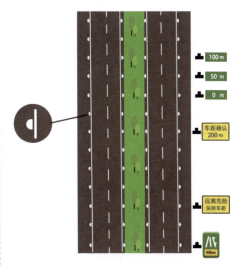

图 2-3-62 白色半圆状车距确认线

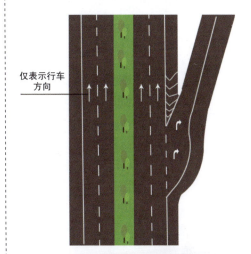

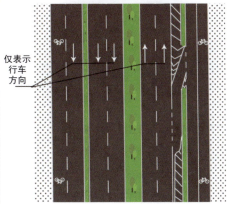

图 2-3-63 出口标线设置示例

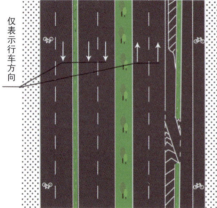

图 2-3-64　入口标线设置示例

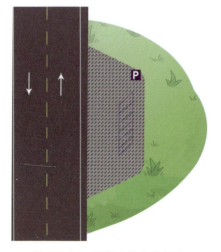

图 2-3-65　倾斜式停车位标线

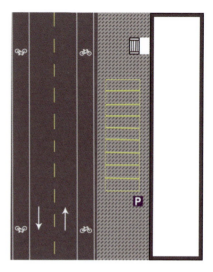

图 2-3-66　垂直式停车位标线

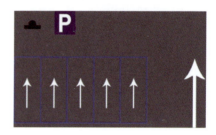

图 2-3-67　固定停车方向停车位标线

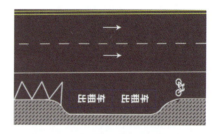

图 2-3-68　出租车专用待客停车位标线

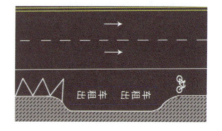

图 2-3-69　出租车专用上下客停车位标线

图 2-3-70　残疾人专用停车位标线

图 2-3-71　非机动车停车位标线

图 2-3-72　平行式机动车限时停车位标线

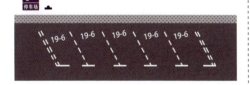

图 2-3-73　倾斜式机动车限时停车位标线

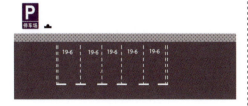

图 2-3-74　垂直式机动车限时停车位标线

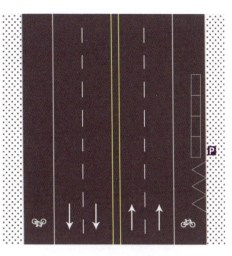

图 2-3-75　平行式停车位标线

图 2-3-76　港湾式停靠站标线

图 2-3-77　公交车专用港湾式停靠站标线

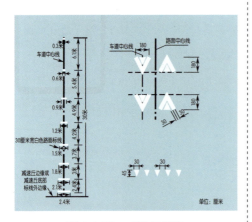

图 2-3-78　减速丘标线

图 2-3-79　指示直行

图 2-3-80　指示前方可直行或左转

图 2-3-81　指示前方左转

图 2-3-82　指示前方右转

图 2-3-83　指示前方可直行或右转

图 2-3-84　指示前方掉头

图 2-3-85　指示前方可直行或掉头

图 2-3-86　指示前方可左转或掉头

图 2-3-87　指示前方道路仅可左右转弯

图 2-3-88　提示前方道路有左弯或需向左合流

图 2-3-89　提示前方道路有右弯或需向右合流

图 2-3-90　路面限速标记字符

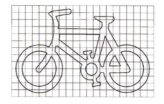

图 2-3-91　非机动车道路面标记

图 2-3-92　残疾人专用停车位路面标记

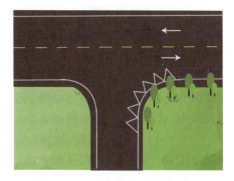

图 2-3-93　注意前方路面状况标记

2.3.4 其他标线

其他标线如图 2-3-94 ~ 图 2-3-98 所示。

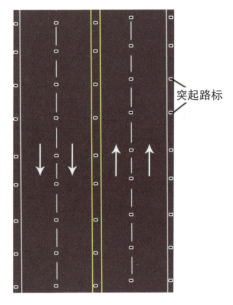

图 2-3-94 突起路标与标线配合设置示例

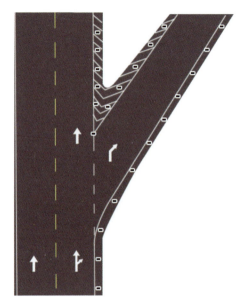

图 2-3-95 出口匝道突起路标布设示例

图 2-3-96 突起路标组成的虚线标线示例

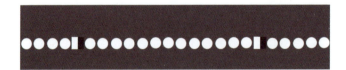

图 2-3-97 突起路标组成的单实线示例

图 2-3-98 突起路标组成的双实线示例

2.4 交通警察指挥手势

交通警察指挥手势信号主要有停止信号、直行信号、左转弯信号、左转弯待转信号、右转弯信号、变道信号、减速慢行信号、示意车辆靠边停车信号。

2.4.1 停止信号

停止信号表示不准前方车辆通行。

（1）左臂由前向上直伸与身体成135度，掌心向前与身体平行，五指并拢，面部及目光平视前方（图2-4-1）。

（2）左臂垂直放下，恢复立正姿势（图2-4-2）。

（a）侧面　　　　　　（b）正面

图 2-4-1　停止信号（一）　　　　　图 2-4-2　停止信号（二）

2.4.2 直行信号

直行信号表示准许右方直行的车辆通行。

（1）左臂向左平伸与身体成90度，掌心向前，五指并拢，面部及目光同时转向左方45度（图2-4-3）。

（2）右臂向右平伸与身体成90度，掌心向前，五指并拢，面部及目光同时转向右方45度（图2-4-4）。

图 2-4-3　直行信号（一）　　图 2-4-4　直行信号（二）

（3）右臂水平向左摆动与身体成90度，小臂弯曲至与大臂成90度，掌心向内与左胸衣兜相对，小臂与前胸平行，面部及目光同时转向左方45度（图2-4-5）。

（4）右大臂不动，右小臂水平向右摆动与身体成90度，掌心向左，五指并拢（图2-4-6）。

图 2-4-5　直行信号（三）　　图 2-4-6　直行信号（四）

（5）右小臂弯曲至与大臂成90度，掌心向内与左胸衣兜相对，与前胸平行，完成第二次摆动（图2-4-7）。

（6）收右臂（图2-4-8）。

（7）收左臂，面部及目光转向前方，恢复立正姿势（图2-4-9）。

图 2-4-7　直行信号（五）　　图 2-4-8　直行信号（六）　　图 2-4-9　直行信号（七）

2.4.3　左转弯信号

左转弯信号表示准许车辆左转弯，在不妨碍被放车辆通行的情况下可以掉头。

（1）右臂向前平伸与身体成90度，掌心向前，手掌与手臂夹角不低于60度，五指并拢，面部及目光同时转向左方45度（图2-4-10）。

（a）正面　　　　　　　（b）侧面

图 2-4-10　左转弯信号（一）

扫一扫
看动画视频

（2）左臂与手掌平直向右前方摆动，手臂与身体成45度，掌心向右，中指尖至上衣中缝，高度至上衣最下面一个纽扣（图2-4-11）。

（a）正面　　　　　　（b）侧面

图 2-4-11　左转弯信号（二）

（3）左臂回位至不超过裤缝，面部及目光保持目视左方45度，完成第一次摆动（图2-4-12）。

（4）重复（2）动作。

（5）重复（3）动作，完成第二次摆动。

（6）收右臂，面部及目光转向前方，恢复立正姿势（图2-4-13）。

（a）正面　　　　　　（b）侧面

图 2-4-12　左转弯信号（三）　　　图 2-4-13　左转弯信号（四）

2.4.4 左转弯待转信号

左转弯待转信号表示准许左方左转弯的车辆进入路口，沿左转弯行驶方向靠近路口中心，等候左转弯信号。

扫一扫
看动画视频

（1）左臂向左平伸与身体成45度，掌心向下，五指并拢，面部及目光同时转向左方45度（图2-4-14）。

（a）正面　　　　　　（b）侧面

图 2-4-14　左转弯待转信号（一）

（2）左臂与手掌平直向下方摆动，手臂与身体成15度，面部及目光保持目视左方45度，完成第一次摆动（图2-4-15）。

（a）正面　　　　　　（b）侧面

图 2-4-15　左转弯待转信号（二）

（3）重复（1）动作。

（4）重复（2）动作，完成第二次摆动。

（5）收左臂，面部及目光转向前方，恢复立正姿势（图2-4-16）。

图 2-4-16　左转弯待转信号（三）

2.4.5　右转弯信号

（1）左臂向前平伸与身体成90度，掌心向前，手掌与手臂夹角不低于60度，五指并拢，面部及目光同时转向右方45度（图2-4-17）。

（a）正面　　　　　　（b）侧面

图 2-4-17　右转弯信号（一）

（2）右臂与手掌平直向左前方摆动，手臂与身体成45度，掌心向左，中指尖至上衣中缝，高度至上衣最下面一个纽扣（图2-4-18）。

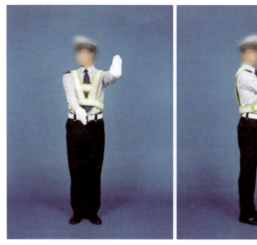

（a）正面　　　　　（b）侧面

图 2-4-18　右转弯信号（二）

（3）右臂回位至不超过裤缝，面部及目光保持目视右方45度，完成第一次摆动（图2-4-19）。

（4）重复（2）动作。

（5）重复（3）动作，完成第二次摆动。

（6）收左臂，面部及目光转向前方，恢复立正姿势（图2-4-20）。

（a）正面　　　　（b）侧面

图 2-4-19　右转弯信号（三）　　　图 2-4-20　右转弯信号（四）

2.4.6 变道信号

变道信号表示车辆腾空指定的车道，减速慢行。

（1）面向来车方向，右臂向前平伸与身体成90度，掌心向左，五指并拢，面部及目光平视前方（图2-4-21）。

扫一扫
看动画视频

（a）正面

（b）侧面

图2-4-21　变道信号（一）

（2）右臂向左水平摆动与身体成45度，完成第一次摆动（图2-4-22）。
（3）恢复至（1）动作。
（4）重复（2）动作，完成第二次摆动。
（5）收右臂，恢复立正姿势（图2-4-23）。

（a）正面

（b）侧面

图2-4-22　变道信号（二）　　　图2-4-23　变道信号（三）

2.4.7 减速慢行信号

（1）右臂向右前方平伸，与肩平行，与身体成135度，掌心向下，五指并拢，面部及目光同时转向右方45度（图2-4-24）。

（a）正面

（b）侧面

扫一扫
看动画视频

图2-4-24　减速慢行信号（一）

（2）右臂与手掌平直向下方摆动，手臂与身体成45度，面部及目光保持目视右方45度，完成第一次摆动（图2-4-25）。
（3）重复（1）动作。
（4）重复（2）动作，完成第二次摆动。
（5）收右臂，面部及目光转向前方，恢复立正姿势（图2-4-26）。

（a）正面

（b）侧面

图2-4-25　减速慢行信号（二）　　图2-4-26　减速慢行信号（三）

2.4.8 示意车辆靠边停车信号

（1）面向来车方向，右臂前伸与身体成45度，掌心向左，五指并拢，面部及目光平视前方（图2-4-27）。

（a）正面　　　　　　（b）侧面

图2-4-27　示意车辆靠边停车信号（一）

（2）左臂由前向上伸直与身体成135度，掌心向前与身体平行，五指并拢（图2-4-28）。

（a）正面　　　　　　（b）侧面

图2-4-28　示意车辆靠边停车信号（二）

（3）右臂向左水平摆动与身体成45度，完成第一次摆动（图2-4-29）。

（a）正面

（b）侧面

图 2-4-29　示意车辆靠边停车信号（三）

（4）右臂恢复至（1）动作。
（5）重复（3）动作，完成第二次摆动（图2-4-30）。
（6）右臂恢复至（1）动作。
（7）双臂同时放下，恢复立正姿势（图2-4-31）。

（a）正面

（b）侧面

图 2-4-30　示意车辆靠边停车信号（四）

图 2-4-31　示意车辆靠边停车信号（五）

第 3 章
摩托车道路通行规定

摩托车属于机动车的一种,以下与机动车相关的内容也适用于摩托车。

3.1 摩托车登记制度

国家对机动车实行登记制度,机动车经公安机关交通管理部门登记后,方可上道路行驶。尚未登记的机动车,需要临时上道路行驶的,应当取得临时通行牌证。

3.1.1 注册登记

初次申领机动车号牌、行驶证的,机动车所有人应当向住所地的车辆管理所申请注册登记。

机动车所有人应当到机动车安全技术检验机构对机动车进行安全技术检验,取得机动车安全技术检验合格证明后申请注册登记。

免于安全技术检验的机动车有下列情形之一的,应当进行安全技术检验:

❶ 国产机动车出厂后两年内未申请注册登记的;
❷ 经海关进口的机动车进口后两年内未申请注册登记的;
❸ 申请注册登记前发生交通事故的。

不属于经海关进口的机动车和国务院机动车产品主管部门规定免于安全技术检验的机动车,还应当提交机动车安全技术检验合格证明。

车辆管理所应当自受理申请之日起两日内,确认机动车,核对车辆识别代号拓印膜,审查提交的证明、凭证,核发机动车登记证书、号牌、行驶证和检验合格标志。

有下列情形之一的，不予办理注册登记：

❶ 机动车所有人提交的证明、凭证无效的；

❷ 机动车来历证明被涂改或者机动车来历证明记载的机动车所有人与身份证明不符的；

❸ 机动车所有人提交的证明、凭证与机动车不符的；

❹ 机动车未经国务院机动车产品主管部门许可生产或者未经国家进口机动车主管部门许可进口的；

❺ 机动车的有关技术数据与国务院机动车产品主管部门公告的数据不符的；

❻ 机动车的型号、发动机号码、车辆识别代号或者有关技术数据不符合国家安全技术标准的；

❼ 机动车达到国家规定的强制报废标准的；

❽ 机动车被人民法院、人民检察院、行政执法部门依法查封、扣押的；

❾ 机动车属于被盗抢的；

❿ 其他不符合法律、行政法规规定的情形。

3.1.2 变更登记

已注册登记的机动车有下列情形之一的，机动车所有人应当向登记地车辆管理所申请变更登记：

❶ 改变车身颜色的；

❷ 更换发动机的；

❸ 更换车身或者车架的；

❹ 因质量问题更换整车的；

❺ 营运机动车改为非营运机动车或者非营运机动车改为营运机动车等使用性质改变的；

❻ 机动车所有人的住所迁出或者迁入车辆管理所管辖区域的。

申请变更登记时，属于前款第❶项、第❷项和第❸项规定的变更事项，机动车所有人应当在变更后十日内向车辆管理所申请变更登记；属于前款第❻项规定的变更事项，机动车所有人申请转出前，应当将涉及该车的道路交通安全违法行为和交通事故处理完毕。

申请变更登记的机动车所有人应当填写申请表，交验机动车，并提交以下证明、凭证：

❶ 机动车所有人的身份证明；

❷ 机动车登记证书；

❸ 机动车行驶证；

❹ 属于更换发动机、车身或者车架的，还应当提交机动车安全技术检验合格证明；

❺ 属于因质量问题更换整车的，还应当提交机动车安全技术检验合格证明，但经海关进口的机动车和国务院机动车产品主管部门认定免于安全技术检验的机动车除外。

车辆管理所应当自受理之日起一日内，确认机动车，审查提交的证明、凭证，在机动车登记证书上签注变更事项，收回行驶证，重新核发行驶证。

对更换车身或者车架的、因质量问题更换整车的、机动车所有人的住所迁出或者迁入车辆管理所管辖区域进行变更登记事项的，应当核对车辆识别代号拓印膜。

车辆管理所办理机动车变更登记时，需要改变机动车号牌号码的，收回号牌、行驶证，确定新的机动车号牌号码，重新核发号牌、行驶证和检验合格标志。

机动车所有人的住所迁出车辆管理所管辖区域的，车辆管理所应当自受理之日起三日内，在机动车登记证书上签注变更事项，收回号牌、行驶证，核发有效期为三十日的临时行驶车号牌，将机动车档案交机动车所有人。机动车所有人应当在临时行驶车号牌的有效期限内到住所地车辆管理所申请机动车转入。申请机动车转入的，机动车所有人应当填写申请表，提交身份证明、机动车登记证书、机动车档案，并交验机动车。机动车在转入时已超过检验有效期的，应当在转入地进行安全技术检验并提交机动车安全技术检验合格证明和交通事故责任强制保险凭证。车辆管理所应当自受理之日起三日内，确认机动车，核对车辆识别代号拓印膜，审查相关证明、凭证和机动车档案，在机动车登记证书上签注转入信息，核发号牌、行驶证和检验合格标志。

机动车所有人为两人以上，需要将登记的所有人姓名变更为其他所有人姓名的，应当提交机动车登记证书、行驶证、变更前和变更后机动车所有人的身份证明及共同所有的公证证明，但属于夫妻双方共同所有的，可以提供结婚证或者证明夫妻关系的居民户口簿。

3.1.3 转移登记

已注册登记的机动车所有权发生转移的，现机动车所有人应当自机动车交付之日起三十日内向登记地车辆管理所申请转移登记。

机动车所有人申请转移登记前，应当将涉及该车的道路交通安全违法行为和交通事故处理完毕。

申请转移登记的，现机动车所有人应当填写申请表，交验机动车，并提交以下证明、凭证：

❶ 现机动车所有人的身份证明；

❷ 机动车所有权转移的证明、凭证；

❸ 机动车登记证书；

❹ 机动车行驶证；

❺ 属于海关监管的机动车，还应当提交《中华人民共和国海关监管车辆解除监管证明书》或者海关批准的转让证明；

❻ 属于超过检验有效期的机动车，还应当提交机动车安全技术检验合格证明和交通事故责任强制保险凭证。

现机动车所有人住所在车辆管理所管辖区域内的，车辆管理所应当自受理申请之日起一日内，确认机动车，核对车辆识别代号拓印膜，审查提交的证明、凭证，收回号牌、行驶证，确定新的机动车号牌号码，在机动车登记证书上签注转移事项，重新核发号牌、行驶证和检验合格标志。

有下列情形之一的，不予办理转移登记：

❶ 机动车与该车档案记载内容不一致的；

❷ 属于海关监管的机动车，海关未解除监管或者批准转让的；

❸ 机动车在抵押登记、质押备案期间的；

❹ 机动车所有人提交的证明、凭证无效的；

❺ 机动车来历证明被涂改或者机动车来历证明记载的机动车所有人与身份证明不符的；

❻ 机动车达到国家规定的强制报废标准的；

❼ 机动车被人民法院、人民检察院、行政执法部门依法查封、扣押的；

❽ 机动车属于被盗抢的。

被人民法院、人民检察院和行政执法部门依法没收并拍卖，或者被仲裁机构依法仲裁裁决，或者被人民法院调解、裁定、判决机动车所有权转移时，原机动车所有人未向现机动车所有人提供机动车登记证书、号牌或者行驶证的，现机动车所有人在办理转移登记时，应当提交人民法院出具的未得到机动车登记证书、号牌或者行驶证的《协助执行通知书》，或者人民检察院、行政执法部门出具的未得到机动车登记证书、号牌或者行驶证的证明。车辆管理所应当公告原机动车登记证书、号牌或者行驶证作废，并在办理转移登记的同时，补发机动车登记证书。

3.1.4 抵押登记

机动车所有人将机动车作为抵押物抵押的，应当向登记地车辆管理所申请

抵押登记；抵押权消灭的，应当向登记地车辆管理所申请解除抵押登记。

申请抵押登记的，机动车所有人应当填写申请表，由机动车所有人和抵押权人共同申请，并提交下列证明、凭证：

❶ 机动车所有人和抵押权人的身份证明；

❷ 机动车登记证书；

❸ 机动车所有人和抵押权人依法订立的主合同及抵押合同。

车辆管理所应当自受理之日起一日内，审查提交的证明、凭证，在机动车登记证书上签注抵押登记的内容和日期。

申请解除抵押登记，需交下列证明、凭证：

❶ 机动车所有人和抵押权人的身份证明；

❷ 机动车登记证书。

人民法院调解、裁定、判决解除抵押的，机动车所有人或者抵押权人应当填写申请表，提交机动车登记证书、人民法院出具的已经生效的《调解书》《裁定书》或者《判决书》，以及相应的《协助执行通知书》。

车辆管理所应当自受理之日起一日内，审查提交的证明、凭证，在机动车登记证书上签注解除抵押登记的内容和日期。

3.2 摩托车安全技术检验

3.2.1 摩托车年检

车辆年检，是指每个已经取得正式号牌和行驶证的车辆都必须进行的一项检测，相当于每年一次按《机动车运行安全技术条件》给车辆做体检。

车辆年检可以及时消除车辆安全隐患，督促加强机动车的维护保养，减少交通事故的发生。

摩托车应当从注册登记之日起，按照下列期限进行安全技术检验。

❶ 注册登记6年以内的摩托车免于到机动车检验机构检验，需要定期检验时，机动车所有人可以直接到公安交管部门申领检验合格标志，行驶证副页上不再标注检验有效期。

❷ 超过报废年限的车辆不可以再过户（买卖），但可以继续使用；买卖时

可以先到车管所办理该车的报废单（注销该车的档案），然后买卖。

3.2.2 机动车检测流程

（1）尾气检测

先排好队，到收费窗口交检测费，等候上线。检测前会有工作人员进行初检，主要是核对发动机号与行驶证是否一致，再简单看看外观、车况等，然后填写尾气检测表。检测时，由检测员开车上线，一般新车都很容易过关，拿到合格的尾气检测表就可以到窗口交钱领尾气合格标。如果不合格，需要到汽修厂调试后重新上线。

（2）查违章

在查询窗口领取并填写"机动车定期检验登记表"，可凭行驶证领取。填好表中事项后交工作人员查询有无违章记录，没问题的表上会加盖"已核对，可验车"章，有违章的，拿着违章告知单尽快处理违章。

（3）交押金

在押金窗口交押金，拿好押金条，领取并填写外观检验单。

（4）外观检验

持外观检验单到外观工位，先查相关手续，核验第三者保险（强制性保险）是否在有效期内。手续查完之后才开始外观检验，这项检查主要看灯光有无破损、车身外观是否符合原样、悬架有无变动等。

（5）上线检测

外观检验没问题后，排队等候上线检测。检测线负责刹车、大灯（远光）、底盘等内容的检测，需要5～10分钟，车开下线就可以领到一张计算机打印的表，大致有制动、灯光等项目，合格的项目打印"○"，不合格的项目打印"×"。

（6）总检审核

都合格后，准备一张身份证复印件，到大厅总检处签字盖章。

（7）交费领标

在各窗口交相关费用，退回押金，交工本费后领"机动车检验合格标志"，标志后和行驶证副证上均打印有效期。绿标背后会写上有效期，就是下一次检验的月份。检字会打孔，有孔的月份就是下次检验的月份。

3.3 关于摩托车保险

3.3.1 机动车辆保险介绍

机动车辆保险是财产保险的一种，是以机动车辆本身及机动车辆的第三者责任为保险标的一种运输工具保险。

（1）机动车辆保险

机动车辆保险是以汽车、电车、电瓶车、摩托车、拖拉机等机动车辆作为保险标的的一种保险。机动车辆保险可分交强险和商业险两大类，而商业险又可以具体分为基本险（也称主险）和附加险两个部分。

（2）交强险

交强险的全称是机动车交通事故责任强制保险，是中国首个由国家法律规定实行的强制保险制度。

《机动车交通事故责任强制保险条例》（以下简称《条例》）规定：交强险是由保险公司对被保险机动车发生道路交通事故造成受害人（不包括本车人员和被保险人）的人身伤亡、财产损失，在责任限额内予以赔偿的强制性责任保险。

交强险每年必须要买，和车船使用税一起交。其费用有两种：一种是小排量摩托车，即250毫升及以下的排量，每年的费用是120元；另一种是250毫升以上排量的摩托车，交

强险是400元。

下列六种情况下交强险可以办理退保：被保险机动车被依法注销登记的；被保险机动车办理停驶的；被保险机动车经公安机关证实丢失的；投保人重复投保交强险的；被保险机动车被转卖、转让、赠送至车籍所在地以外的地方；新车因质量问题被销售商收回或因相关技术参数不符合国家规定，交管部门不予上牌的。

（3）商业险

❶ 车辆损失险。在机动车辆保险中，车辆损失险与第三者责任险构成了其主要险种，并在若干附加险的配合下，共同为保险客户提供多方面的危险保障服务。

车辆损失险的保险标的，是各种机动车辆的车身及其零部件、设备等。当被保险车辆遭受保险责任范围的自然灾害或意外事故，造成被保险车辆本身损失时，保险人应当依照保险合同的规定给予赔偿。

车辆损失险的保险责任，包括碰撞责任、倾覆责任与非碰撞责任。碰撞是指被保险车辆与外界物体的意外接触，如车辆与车辆、车辆与建筑物、车辆与电线杆或树木、车辆与行人、车辆与动物等碰撞，均属于碰撞责任范围之列。倾覆责任指被保险车辆由于自然灾害或意外事故，造成本车翻倒，车体触地，使其失去正常状态和行驶能力，不经施救不能恢复行驶。非碰撞责任，则可以分为以下几类：

a.保险单上列明的各种自然灾害，如洪水、暴风、雷击、泥石流、地震等。
b.保险单上列明的各种意外事故，如火灾、爆炸、空中运行物体的坠落等。
c.其他意外事故，如倾覆、冰陷、载运被保险车辆的渡船发生意外等。

机动车辆损失险的责任免除包括风险免除（损失原因的免除）和损失免除（保险人不赔偿的损失）。风险免除主要包括：

- 战争、军事冲突、恐怖活动、暴乱、扣押、罚没、政府征用；
- 在营业性维修场所修理、养护期间；
- 用被保险车辆从事违法活动；
- 驾驶人员饮酒、吸食或注射毒品、被药品麻醉后使用被保险车辆；
- 保险车辆肇事逃逸；
- 驾驶人员无驾驶证或驾驶车辆与驾驶证准驾车型不相符；
- 非被保险人直接允许的驾驶人员使用被保险车辆；
- 车辆不具备有效行驶证件。

损失免除主要包括自然磨损、锈蚀、故障，市场价格变动造成的贬值等。

需要指出的是，机动车辆保险的保险责任范围由保险合同规定，且并非一成不变的，如中国大陆以往均将失窃列为基本责任，后来却将其列为附加责任，即被保险人若不加保便不可能得到该项危险的保障。

❷ 第三者责任险。机动车辆第三者责任险，是承保被保险人或其允许的合格驾驶人员在使用被保险车辆时，因发生意外事故而导致的第三者的损害索赔危险的一种保险。由于第三者责任险的主要目的在于维护公众的安全与利益，因此，在实践中通常作为法定保险并强制实施。

机动车辆第三者责任险的保险责任，即是被保险人或其允许的合格驾驶员在使用被保险车辆过程中发生意外事故，致使第三者人身或财产受到直接损毁时被保险人依法应当支付的赔偿金额。此保险的责任核定，应当注意以下两点。

a.直接损毁，实际上是指现场财产损失和人身伤害，各种间接损失不在保险人负责的范围。

b.被保险人依法应当支付的赔偿金额，保险人依照保险合同的规定进行补偿。

这两个概念是不同的，即被保险人的补偿金额并不一定等于保险人的赔偿金额，因为保险人的赔偿必须扣除除外不保的责任或除外不保的损失。例如，被保险人所有或代管的财产，私有车辆的被保险人及其家庭成员以及他们所有或代管的财产，本车的驾驶人员及本车上的一切人员和财产在交通事故中的损失，不在第三者责任险负责赔偿之列；被保险人的故意行为，驾驶员酒后或无有效驾驶证开车等行为导致的第三者责任损失，保险人也不负责赔偿。

❸ 盗抢险。盗抢险负责赔偿被保险车辆因被盗窃、被抢劫、被抢夺造成车辆的全部损失，以及期间由于车辆损坏或车上零部件、附属设备丢失所造成的损失，但不能故意损坏。

3.3.2 法律法规

《机动车交通事故责任强制保险条例》中相关条款选摘如下。

第二条：

在中华人民共和国境内道路上行驶的机动车的所有人或者管理人，应当依照《中华人民共和国道路交通安全法》的规定投保机动车交通事故责任强制保险。机动车交通事故责任强制保险的投保、赔偿和监督管理，适用本条例。

第三条：

本条例所称机动车交通事故责任强制保险，是指由保险公司对被保险机动车发生道路交通事故造成本车人员、被保险人以外的受害人的人身伤亡、财产损失，在责任限额内予以赔偿的强制性责任保险。

第八条：

被保险机动车没有发生道路交通安全违法行为和道路交通事故的，保险公司应当在下一年度降低其保险费率。在此后的年度内，被保险机动车仍然没有发生道路交通安全违法行为和道路交通事故的，保险公司应当继续降低其保险费率，直至最低标准。被保险机动车发生道路交通安全违法行为或者道路交通事故的，保险公司应当在下一年度提高其保险费率。多次发生道路交通安全违法行为、道路交通事故，或者发生重大道路交通事故的，保险公司应当加大提高其保险费率的幅度。在道路交通事故中被保险人没有过错的，不提高其保险费率。降低或者提高保险费率的标准，由国务院保险监督管理机构会同国务院公安部门制定。

第十二条：

签订机动车交通事故责任强制保险合同时，投保人应当一次支付全部保险费；保险公司应当向投保人签发保险单、保险标志。保险单、保险标志应当注明保险单号码、车牌号码、保险期限、保险公司的名称、地址和理赔电话号码。

被保险人应当在被保险机动车上放置保险标志。

保险标志式样全国统一。保险单、保险标志由国务院保险监督管理机构监制。任何单位或者个人不得伪造、变造或者使用伪造、变造的保险单、保险标志。

第二十一条：

被保险机动车发生道路交通事故造成本车人员、被保险人以外的受害人人身伤亡、财产损失的，由保险公司依法在机动车交通事故责任强制保险责任限额范围内予以赔偿。

道路交通事故的损失是由受害人故意造成的，保险公司不予赔偿。

第二十二条：

有下列情形之一的，保险公司在机动车交通事故责任强制保险责任限额范围内垫付抢救费用，并有权向致害人追偿：

❶ 驾驶人未取得驾驶资格或者醉酒的；

❷ 被保险机动车被盗抢期间肇事的；

❸ 被保险人故意制造道路交通事故的。

有前款所列情形之一，发生道路交通事故的，造成受害人的财产损失，保险公司不承担赔偿责任。

第三十条：

被保险人与保险公司对赔偿有争议的，可以依法申请仲裁或者向人民法院提起诉讼。

> **第三十九条：**
> 　　上道路行驶的机动车未放置保险标志的，公安机关交通管理部门应当扣留机动车，通知当事人提供保险标志或者补办相应手续，可以处警告或者20元以上200元以下罚款。当事人提供保险标志或者补办相应手续的，应当及时退还机动车。
>
> **第四十条：**
> 　　伪造、变造或者使用伪造、变造的保险标志，或者使用其他机动车的保险标志，由公安机关交通管理部门予以收缴，扣留该机动车，处200元以上2000元以下罚款；构成犯罪的，依法追究刑事责任。当事人提供相应的合法证明或者补办相应手续的，应当及时退还机动车。

3.4 道路交通安全违法行为记分规定

3.4.1 一般规定

（1）累积记分

❶ 公安机关交通管理部门对机动车驾驶证持有人违反道路交通安全法律、法规的行为，除依法给予行政处罚外，同时实行累积记分制度。公安机关交通管理部门对累积记分达到规定分值的机动车驾驶证持有人，可以扣留其机动车驾驶证，对其进行道路交通安全法律、法规教育，重新考试；考试合格的，发还其机动车驾驶证。

❷ 对遵守道路交通安全法律、法规，在一年内无累积记分的机动车驾驶证持有人，可以延长其机动车驾驶证的审验期。机动车驾驶证持有人在其机动车驾驶证的6年有效期内，每个记分周期均未达到12分的，换发10年有效期的机动车驾驶证；在其机动车驾驶证的10年有效期内，每个记分周期均未达到12分的，换发长期有效的机动车驾驶证。

（2）记分周期和记分分值

❶ 记分周期为12个月，一个周期指从机动车驾驶证初次领取之日起计算。如某甲的驾驶证初次领证日期是4月1日，年审时间是5月份，则他的一个违章记分周期就应该是从上一年4月1日至次年的3月31日，而不是从上一年的5月

到第二年的5月。

❷ 一次记分的分值为12分、9分、6分、3分、1分五种。

❸ 机动车驾驶人一次有两个以上违法行为记分的，应当分别计算，累加分值。

（3）记分制度

❶ 机动车驾驶人在一个记分周期内记分未达到12分，所处罚款已经缴纳的，记分予以清除；记分虽未达到12分，但尚有罚款未缴纳的，记分转入下一记分周期。

❷ 机动车驾驶人在一个记分周期记分达到12分的，由公安机关交通管理部门扣留其机动车驾驶证，该机动车驾驶人应当按照规定参加考试，合格的，记分予以清除，发还机动车驾驶证；不合格的，继续参加学习和考试。

❸ 机动车驾驶人在一个记分周期内记分2次以上达到12分的，除扣留机动车驾驶证，参加道路交通安全法律、法规的学习外，还应当接受驾驶技能考试，在科目一考试合格后十日内对其进行科目三考试。考试合格的，记分予以清除，发还机动车驾驶证；考试不合格的，继续参加学习和考试。参加驾驶技能考试的，按照本人机动车驾驶证载明的最高准驾车型进行。

❹ 机动车驾驶人记分达到12分，拒不参加公安机关交通管理部门通知的学习，也不接受考试的，由公安机关交通管理部门公告其机动车驾驶证停止使用。

3.4.2 一次记12分

❶ 饮酒后驾驶机动车的；

❷ 造成致人轻伤以上或者死亡的交通事故后逃逸，尚不构成犯罪的；

❸ 使用伪造、变造的机动车号牌、行驶证、驾驶证、校车标牌或者使用其他机动车号牌、行驶证的；

❹ 驾驶校车、公路客运汽车、旅游客运汽车载人超过核定人数20%以上，或者驾驶其他载客汽车载人超过核定人数100%以上的；

❺ 驾驶校车、中型以上载客载货汽车、危险物品运输车辆在高速公路、城市快速路上行驶超过规定时速20%以上，或者驾驶其他机动车在高速公路、城市快速路上行驶超过规定时速50%以上的；

❻ 驾驶机动车在高速公路、城市快速路上倒车、逆行、穿越中央分隔带掉头的；

❼ 代替实际机动车驾驶人接受交通违法行为处罚和记分牟取经济利益的。

3.4.3 一次记9分

❶ 驾驶7座以上载客汽车载人超过核定人数50%以上未达到100%的；

② 驾驶校车、中型以上载客载货汽车、危险物品运输车辆在高速公路、城市快速路以外的道路上行驶超过规定时速50%以上的；

③ 驾驶机动车在高速公路或者城市快速路上违法停车的；

④ 驾驶未悬挂机动车号牌或者故意遮挡、污损机动车号牌的机动车上道路行驶的；

⑤ 驾驶与准驾车型不符的机动车的；

⑥ 未取得校车驾驶资格驾驶校车的；

⑦ 连续驾驶中型以上载客汽车、危险物品运输车辆超过4小时未停车休息或者停车休息时间少于20分钟的。

3.4.4　一次记6分

① 驾驶校车、公路客运汽车、旅游客运汽车载人超过核定人数未达到20%，或者驾驶7座以上载客汽车载人超过核定人数20%以上未达到50%，或者驾驶其他载客汽车载人超过核定人数50%以上未达到100%的；

② 驾驶校车、中型以上载客载货汽车、危险物品运输车辆在高速公路、城市快速路上行驶超过规定时速未达到20%，或者在高速公路、城市快速路以外的道路上行驶超过规定时速20%以上未达到50%的；

③ 驾驶校车、中型以上载客载货汽车、危险物品运输车辆以外的机动车在高速公路、城市快速路上行驶超过规定时速20%以上未达到50%，或者在高速公路、城市快速路以外的道路上行驶超过规定时速50%以上的；

④ 驾驶载货汽车载物超过最大允许总质量50%以上的；

⑤ 驾驶机动车载运爆炸物品、易燃易爆化学物品以及剧毒、放射性等危险物品，未按指定的时间、路线、速度行驶或者未悬挂警示标志并采取必要的安全措施的；

⑥ 驾驶机动车运载超限的不可解体的物品，未按指定的时间、路线、速度行驶或者未悬挂警示标志的；

⑦ 驾驶机动车运输危险化学品，未经批准进入危险化学品运输车辆限制通行的区域的；

⑧ 驾驶机动车不按交通信号灯指示通行的；

⑨ 机动车驾驶证被暂扣或者扣留期间驾驶机动车的；

⑩ 造成致人轻微伤或者财产损失的交通事故后逃逸，尚不构成犯罪的；

⑪ 驾驶机动车在高速公路或者城市快速路上违法占用应急车道行驶的。

3.4.5　一次记3分

① 驾驶校车、公路客运汽车、旅游客运汽车、7座以上载客汽车以外的其他载客汽车载人超过核定人数20%以上未达到50%的；

❷ 驾驶校车、中型以上载客载货汽车、危险物品运输车辆以外的机动车在高速公路、城市快速路以外的道路上行驶超过规定时速20%以上未达到50%的；

❸ 驾驶机动车在高速公路或者城市快速路上不按规定车道行驶的；

❹ 驾驶机动车不按规定超车、让行，或者在高速公路、城市快速路以外的道路上逆行的；

❺ 驾驶机动车遇前方机动车停车排队或者缓慢行驶时，借道超车或者占用对面车道、穿插等候车辆的；

❻ 驾驶机动车有拨打、接听手持电话等妨碍安全驾驶的行为的；

❼ 驾驶机动车行经人行横道不按规定减速、停车、避让行人的；

❽ 驾驶机动车不按规定避让校车的；

❾ 驾驶载货汽车载物超过最大允许总质量30%以上未达到50%的，或者违反规定载客的；

❿ 驾驶不按规定安装机动车号牌的机动车上道路行驶的；

⓫ 在道路上车辆发生故障、事故停车后，不按规定使用灯光或者设置警告标志的；

⓬ 驾驶未按规定定期进行安全技术检验的公路客运汽车、旅游客运汽车、危险物品运输车辆上道路行驶的；

⓭ 驾驶校车上道路行驶前，未对校车车况是否符合安全技术要求进行检查，或者驾驶存在安全隐患的校车上道路行驶的；

⓮ 连续驾驶载货汽车超过4小时未停车休息或者停车休息时间少于20分钟的；

⓯ 驾驶机动车在高速公路上行驶低于规定最低时速的。

3.4.6 一次记1分

❶ 驾驶校车、中型以上载客载货汽车、危险物品运输车辆在高速公路、城市快速路以外的道路上行驶超过规定时速10%以上未达到20%的；

❷ 驾驶机动车不按规定会车，或者在高速公路、城市快速路以外的道路上不按规定倒车、掉头的；

❸ 驾驶机动车不按规定使用灯光的；

❹ 驾驶机动车违反禁令标志、禁止标线指示的；

❺ 驾驶机动车载货长度、宽度、高度超过规定的；

❻ 驾驶载货汽车载物超过最大允许总质量未达到30%的；

❼ 驾驶未按规定定期进行安全技术检验的公路客运汽车、旅游客运汽车、危险物品运输车辆以外的机动车上道路行驶的；

❽ 驾驶擅自改变已登记的结构、构造或者特征的载货汽车上道路行驶的；

❾ 驾驶机动车在道路上行驶时，机动车驾驶人未按规定系安全带的；

❿ 驾驶摩托车，不戴安全头盔的。

3.5 摩托车强制报废标准

已达到国家强制报废标准的机动车，机动车所有人向机动车回收企业交售机动车时，应当填写申请表。报废营运摩托车应当在车辆管理所的监督下解体。

已注册登记的机动车达到国家规定的强制报废标准的，公安机关交通管理部门应当在报废期满的2个月前通知机动车所有人办理注销登记。机动车所有人应当在报废期满前将机动车交售给机动车回收企业，由机动车回收企业将报废的机动车登记证书、号牌、行驶证交公安机关交通管理部门注销。

出现以下情形的，机动车所有人应当向登记地车辆管理所申请注销登记：

❶ 机动车灭失的；
❷ 机动车因故不在我国境内使用的；
❸ 因质量问题退车的。

已注册登记的机动车有下列情形之一的，登记地车辆管理所应当办理注销登记：

❶ 机动车登记被依法撤销的；
❷ 达到国家强制报废标准的机动车被依法收缴并强制报废的。

机动车所有人申请注销登记的，应当填写申请表，并提交以下证明、凭证：

❶ 机动车登记证书；
❷ 机动车行驶证；
❸ 属于机动车灭失的，还应当提交机动车所有人的身份证明和机动车灭失证明；
❹ 属于机动车因故不在我国境内使用的，还应当提交机动车所有人的身份证明和出境证明，其中属于海关监管的机动车，还应当提交海关出具的《中华人民共和国海关监管车辆进（出）境领（销）牌照通知书》；
❺ 属于因质量问题退车的，还应当提交机动车所有人的身份证明和机动车制造厂或者经销商出具的退车证明。

因车辆损坏无法驶回登记地的，机动车所有人可以向车辆所在地机动车回收企业交售报废机动车。交售报废机动车时应当填写申请表，提交机动车登记证书、号牌和行驶证。机动车回收企业应当确认机动车并解体，向机动车所有人出具"报废机动车回收证明"。报废的校车、大型客车、货车及其他营运车辆应当在报废地车辆管理所的监督下解体。

已注册登记的机动车有下列情形之一的，车辆管理所应当公告机动车登记证书、号牌、行驶证作废：

❶ 达到国家强制报废标准，机动车所有人逾期不办理注销登记的；
❷ 机动车登记被依法撤销后，未收缴机动车登记证书、号牌、行驶证的；
❸ 达到国家强制报废标准的机动车被依法收缴并强制报废的；
❹ 机动车所有人办理注销登记时未交回机动车登记证书、号牌、行驶证的。

已注册机动车强制报废情况：

❶ 达到规定使用年限的；
❷ 经修理和调整仍不符合机动车安全技术国家标准对在用车有关要求的；
❸ 经修理和调整或者采用控制技术后，向大气排放污染物或者噪声仍不符合国家标准对在用车有关要求的；
❹ 在检验有效期届满后连续3个机动车检验周期内未取得机动车检验合格标志的。

摩托车使用年限：正三轮摩托车使用12年，其他摩托车使用13年。

摩托车所在省、自治区、直辖市人民政府有关部门可结合本地实际情况，制定严于上述使用年限的规定，正三轮摩托车不得低于10年，其他摩托车不得低于11年。

正三轮摩托车行驶10万千米，其他摩托车行驶12万千米时，其所有人可以将机动车交售给报废机动车回收拆解企业，由报废机动车回收拆解企业按规定进行登记、拆解、销毁等处理，并将报废的机动车登记证书、号牌、行驶证交公安机关交通管理部门注销。

3.6 其他规定

驾驶机动车上道路行驶，应当悬挂机动车号牌，放置检验合格标志，并随车携带机动车行驶证。机动车号牌应当按照规定悬挂并保持清晰、完整，不得故意遮挡、污损。

任何单位和个人不得收验、扣留机动车号牌。

机动车号牌应当悬挂在车前、车后指定位置，保持清晰、完整。

机动车检验合格标志应当粘贴在机动车前挡风玻璃右上角。机动车喷涂、粘贴标识或者车身广告的，不得影响安全驾驶。

第4章
摩托车驾驶人规定

4.1 驾驶证考试预约技巧

4.1.1 考试科目、考试顺序、驾驶技能准考证的有效期

公民向户籍所在地或暂住地公安机关交通管理部门车辆管理所申请机动车驾驶证被受理后,须按规定参加申领机动车驾驶证考试,考试合格,方能获得公安机关交通管理部门车辆管理所核发的机动车驾驶证。机动车驾驶证考试科目分为道路交通安全法律、法规和相关知识(或称"科目一"考试),场地驾驶技术考试(或称"科目二"考试),道路驾驶技能考试(或称"科目三"考试)。考试科目的顺序按照科目一、科目二、科目三依次进行,前一科目合格后,再进行后一科目的考试。前一科目考试不合格,不能参加下一科目的考试。每个科目考试若不合格,可以申请预约补考一次(科目一考试可以即时预约,科目二、科目三考试日期应在二十日后预约),补考仍不合格,本科目考试终止,申请人可以重新申请考试。

初次申请机动车驾驶证或者申请增加准驾车型的,科目一考试合格后,车辆管理所应当在三日内核发驾驶技能考试准考证明。"准考证"的有效期为两年,申请人应当在有效期内完成科目二和科目三考试。"准考证"有效期内,已经考试合格的科目成绩有效。

4.1.2 考试预约

申请机动车驾驶证考试，采取预约的形式进行。申请人参加三个科目的考试，须逐科目办理约考手续。约考手续在车辆管理所或其指定的地方办理。预约考试时间确定后，申请人未能如期参加考试的，应重新约考。

（1）预约科目一考试办法

车辆管理所受理申请人预约后，应在三十日内安排考试。

（2）预约科目二考试办法

❶ 报考小型汽车、小型自动挡汽车、低速载货汽车、三轮汽车、残疾人专用小型自动挡载客汽车、轮式自行机械车、无轨电车、有轨电车准驾车型的，应当在取得"准考证"满十日后预约考试。

❷ 报考大型客车、牵引车、城市公交车、中型客车、大型货车准驾车型的，应当在取得"准考证"满二十日后预约考试。

（3）预约科目三考试办法

❶ 报考低速载货汽车、三轮汽车、轮式自行机械车、无轨电车、有轨电车准驾车型的，应当在取得"准考证"满二十日后预约考试。

❷ 报考小型汽车、小型自动挡汽车、残疾人专用小型自动挡载客汽车、准驾车型的，应当在取得"准考证"满三十日后预约考试。

❸ 报考中型客车、大型货车准驾车型的，应当在取得"准考证"满四十日后预约考试。

❹ 报考大型客车、牵引车、城市公交车准驾车型的，应当在取得技能准考证明满六十日后预约考试。

4.1.3 与申领机动车驾驶证考试有关的其他规定

❶ 申领机动车驾驶证不以申请人是否参加了机动车驾驶证培训学校或者机动车驾驶证培训班作为前提条件。只要申请人按照程序进行申请，公安机关交通管理部门车辆管理所就应当受理。申请人只要通过车辆管理机构组织的考试合格，即可取得机动车驾驶证。

❷ 在道路上学习驾驶技能，应当按照公安机关交通管理部门指定的路线、时间进行在道路上学习机动车驾驶技能，应当使用经审验合格的正式教练车，并在具备教练资质的教练员随车指导下学习。与教学的无关人员不得乘坐教练车。学员在学习驾驶中有道路交通安全违法行为或者造成交通事故的，由教练员承担责任。

❸ 申请人在考试过程中有舞弊行为的，取消本次考试资格，已经通过考试

的其他科目成绩无效。

❹ 申请人在考试中发现考试员有徇私舞弊行为的,可向申请地公安机关交通管理部门或上一级公安部门投诉,并有义务协助调查。

4.1.4 考试内容及合格标准

(1)科目一考试内容及合格标准

❶ 考试内容:

a.道路交通安全法律、法规和规章;

b.交通信号及其含义;

c.安全行车、文明驾驶知识;

d.高速公路、山区道路、桥梁、隧道、夜间、恶劣气象和复杂道路条件下的安全驾驶知识;

e.出现爆胎、转向失控、制动失灵等紧急情况时的临危处置知识;

f.机动车总体构造、主要安全装置常识、日常检查和维护基本知识;

g.发生交通事故后的自救、急救等基本知识,以及常见危险物品知识。

❷ 合格标准:满分为100分,成绩达到90分的为合格。

(2)科目二考试内容及合格标准

❶ 考试内容:

a.在规定场地内驾驶机动车完成考试项目的情况;

b.对机动车驾驶技能掌握的情况;

c.对机动车空间位置判断的能力。

❷ 考试项目。基本考试项目:桩考、坡道定点停车和起步、通过单边桥、曲线行驶、直角转弯、限速通过限宽门、通过连续障碍、百米加减挡、起伏路行驶。

大型客车、牵引车、城市公交车、中型客车、大型货车准驾车型考试项目不得少于6项。

大型客车、城市公交车必考项目:桩考、坡道定点停车和起步、直角转弯、通过单边桥、通过连续障碍。牵引车准驾车型必考项目:桩考、坡道定点停车和起步、曲线行驶、直角转弯、限速通过限宽门。中型客车、大型货车准驾车型必考项目:桩考、坡道定点停车和起步、侧方停车、通过单边桥、通过连续障碍。其他考试项目随机选取。

小型手动挡汽车、小型自动挡汽车、残疾人专用小型自动挡载客汽车、低速载货汽车、普通三轮摩托车、普通两轮摩托车准驾车型考试项目不得少于4项。小型手动挡汽车、低速载货汽车、残疾人专用小型自动挡载客汽车必考项目：桩考、坡道定点停车和起步、侧方停车。小型自动挡汽车必考项目：桩考、侧方停车。普通三轮摩托车、普通两轮摩托车准驾车型必考项目：桩考、坡道定点停车和起步、通过单边桥。其他考试项目随机选取。

科目二考试应当先进行桩考。桩考未出现扣分情形的，补考或者重新预约考试时可以不再进行桩考。

其他准驾车型的考试项目，由省级公安机关交通管理部门确定。

❸ 合格标准：满分为100分，设定不合格、减20分、减10分、减5分的项目评判标准。符合下列规定的，考试合格：

a. 报考大型客车、牵引车、城市公交车、中型客车、大型货车准驾车型，成绩达到90分的；

b. 报考其他准驾车型成绩达到80分的。

（3）科目三考试内容及合格标准

❶ 考试内容：

a. 在道路上驾驶机动车完成考试项目的情况；

b. 遵守交通法律、法规的情况；

c. 综合控制机动车的能力；

d. 正确使用灯光、喇叭、安全带等装置的情况；

e. 正确观察、判断道路交通情况的能力；

f. 安全驾驶行为、文明驾驶意识。

❷ 考试项目。基本考试项目：上车准备、起步、直线行驶、变更车道、通过路口、靠边停车、通过人行横道线、通过学校区域、通过公共汽车站、会车、超车、掉头、夜间行驶。

大型客车、牵引车、城市公交车、中型客车、大型货车、小型手动挡汽车、小型自动挡汽车、残疾人专用小型自动挡载客汽车、低速载货汽车准驾车型考试项目不得少于10项，必考项目：上车准备、起步、直线行驶、变更车道、通过路口、靠边停车。其中，大型客车、牵引车、城市公交车、中型客车、大型货车准驾车型还应当进行夜间或者低能见度情况下考试；其他汽车准驾车型还应当抽取不少于20%进行夜间或者低能见度状况下的考试。

省级公安机关交通管理部门可以根据各地实际，增加汽车准驾车型的考试项目，确定其他准驾车型的考试项目。

❸ 合格标准：满分为100分，设定不合格、减20分、减10分、减5分的项目评判标准。符合下列规定的，考试合格。

a. 报考大型客车、牵引车、城市公交车、中型客车、大型货车准驾车型成绩达到90分的；

b. 报考其他准驾车型成绩达到80分的。

4.2 科目一、科目二考试技巧

4.2.1 科目一

（1）科目一考试内容、考试题库题型结构及考试时间和评分

科目一考试题库分为通用试题和专用试题两部分。通用试题主要考核各种准驾车型的申请人应当掌握的基本知识。专用试题主要考核不同准驾车型的申请人应当掌握的专项知识。

摩托车类考试为50道题，考试时间45分钟。题库主要考核摩托车类各种准驾车型的申请人应当掌握的基本知识，用于考核普通三轮摩托车、普通两轮摩托车、轻便摩托车准驾车型申请人。

恢复驾驶资格类考试为50道题，考试时间30分钟。题库主要考核恢复驾驶资格的申请人应当掌握的法律、法规和规章，安全行车、文明驾驶等基本知识。

（2）科目一计算机考试

计算机考试是采用计算机按规定的组题规则随机抽取科目一考试试题（100题），由应考人员独立操作计算机答题完成考试并采用计算机自动计分，自动进行评卷，当场显示成绩的考试方式。实行计算机考试有利于防止考试过程中容易出现舞弊行为和评卷过程中人为出现的错误现象，提高工作效率，提高考试的公平公正性。同时也方便了应考人员，应考人员可以预约参加科目一计算机考试，也可以随到随考，当场考试不合格的学员可立即办理补考手续。

计算机考试流程如下。

❶ 应考人按指定机位就座，应遵守考场纪律和规定，服从考场管理人员指挥。

❷ 认真阅读计算机屏幕提示的注意事项。

❸ 进入计算机考试程序，计算机屏幕显示须输入应考人身份证号码的界面，输入应考人身份证号码后，单击"确认"按钮，计算机根据所输入的号码调出该学员的个人资料。应考人确认表格内的资料与自己身份是否相符，若不符，应考人可单击"不符，重新输入"按钮，即可重新输入身份证号码。应考人确认与身份相符，则单击"相符，开始考试"按钮，进入考试界面。

❹ 计算机答题操作。考试界面上部左边会显示考试剩余时间及"交卷"按钮，应考人可以根据剩余时间多少，把握答题速度；上部右边显示"试题"，右

下角为答题按钮,应考人每答完一题计算机将自动翻到下一题。下部为选题区,表格上的数字为试题序号。

应考人用鼠标单击答题按钮答题,可以按顺序答题,也可以在选题区带题号的方格里任意选题答题。已答完的题目,所选的答案会填写在相应的题号方格中。

a. 选择题的答题方式。试卷中出现选择题时,试题区右下角的答题按钮一般以字母标示。每道选择题之后提供三个与按钮字母对应的答案,应考人只能从其中选择一个作为正确答案。

答选择题时,当应考人确定答案后,只需操作鼠标,单击与答案相应的答题按钮即可。该题选答完毕,选题区中该题所对应的题号自动显示学员所选择的答案字母,答题问号标记将跳入下一题号。

b. 判断题的答题方式。试卷中出现判断题时,试题区右下角的答题按钮以"√"号和"×"号标示。每道判断题都有对和错两种答案,应考人只能选择一个答案。解答判断题时,当应考人确定答案后,只需操作鼠标,单击试题区右下角的答题按钮即可。该题解答完毕,答题区自动显示学员所选择的答案符号,答题问号标记自动跳入下一题号。

❺ 考试交卷。答题完毕,应考人认为需要交卷时,可以单击考试界面上部左下角的"交卷"按钮,在计算机上交卷。若参加考试时间不足15分钟,计算机屏幕会显示"不到交卷时间,至少应考15分钟",此时,考试应继续进行。若试卷中所有题目都已答完,计算机屏幕会自动显示考试结束时间的提示对话框。若不想交卷,则单击提示对话框中的"否"按钮,计算机将自动返回等待答题状态,应考人可以继续操作鼠标进行答题或检查。经过检查后,若确认交卷,则单击提示对话框中的"是"按钮,本次考试答题操作结束,计算机将进行判卷和显示成绩。

❻ 成绩显示。应考人单击"交卷"按钮确认交卷后,经计算机判卷,计算机系统进入"成绩报告"界面,计算机屏幕将显示出学员本次考试的结果。考试不合格和考试合格均会显示在计算机屏幕上。用鼠标单击"退出"按钮,计算机返回待命状态;如果不点击"退出"按钮,系统随后将自动返回到待命状态。本次考试结束。

(3)科目一书面考试(笔试)

科目一书面考试,一般称为笔试,是从考试题库中按规定的组卷规则随机抽取考试题组成考试卷,实行闭卷集中考试,当场公布考试成绩。

❶ 应考人参加科目一书面考试时,应遵守考场纪律,服从考场管理人员指挥。考试中途离场者,不准再进入考场;不允许冒名顶替,偷看书籍,传、带资料等弄虚作假的舞弊行为;不得高声喧哗、交头接耳、左顾右盼,影响考试

的正常进行。

❷ 科目一书面考试答题方法。

选择题的答题:选择题提供三个答案供应考人选择,应考人只能选择一个正确答案。

例如机动车学习驾驶人在道路上学习驾驶时:

A.自己可以单独驾驶车辆学习,不用教练员随车指导;

B.必须在教练员随车指导下,按指定时间、路线学习驾驶;

C.可以不到公安机关交通管理部门办理机动车驾驶技能准考证明。

此题正确答案是B,应考人员确定选择后,应按答题卡填写,要求将选择结果(B)填写在答题卡上。

判断题的答题:判断题是一种由学员来判断考试题提示的内容对与错的考试题型,答案只能是"对"与"错"。

例如黄灯亮时,不准车辆、行人通行,已越过停止线的车辆也不准通行。此题的正确答案是"错",应将判断结果"错",按要求填在答题卡上。

(4)科目一考试要点

科目一道路交通法律、法规和相关知识见表4-2-1。

表4-2-1 科目一道路交通法律、法规和相关知识

考试项目	考试内容	考试要点	考试目标
1.驾驶证和机动车管理规定	驾驶证申领和使用规定	机动车驾驶许可 机动车驾驶证种类、准驾车型和有效期 机动车驾驶证申请条件 驾驶人考试内容和合格标准 学习驾驶证明使用规定 驾驶证实习期 有效期满、转入、变更换证 驾驶证遗失补证 违法记分管理制度 驾驶证注销情形 驾驶证审验 驾驶人体检 申请增加准驾车型的条件 大中型客货车驾驶证日常管理要求	考核是否掌握驾驶证申领使用相关知识;是否了解机动车登记使用的相关知识
	机动车登记和使用规定	机动车注册、变更、转移、抵押、注销登记 机动车登记证书灭失、丢失或损毁 机动车号牌、行驶证灭失、丢失或者损毁 机动车上路行驶条件 机动车号牌设置使用 机动车安全检验 机动车交通事故责任强制保险 机动车强制报废	

续表

考试项目	考试内容	考试要点	考试目标
2.道路通行条件及通行规定	道路交通信号	道路交通信号灯的分类、含义、识别和作用 道路交通标志的分类、含义、识别和作用 道路交通标线的分类、含义、识别和作用 交通警察手势的分类、含义、识别和作用	考核是否掌握道路通行条件以及道路通行规定相关知识
	道路通行规定	右侧通行 灯光、喇叭的使用 有划分车道、无划分车道的道路通行 机动车超车规定 跟车距离的保持要求 交叉路口通行 机动车变更车道规定 机动车限速通行 机动车会车规定 机动车掉头规定 机动车倒车规定 铁路道口及渡口通行 缓行、拥堵路段或路口通行 漫水路、漫水桥通行 避让行人和非机动车 避让特种车辆、道路养护作业车辆 遇校车通行规定 专用车道的使用要求 机动车载物规定 机动车载人规定 驾驶机动车禁止行为 机动车停车规定 牵引挂车规定 机动车故障处置 牵引故障机动车	
	高速公路通行特殊规定	高速公路禁行要求 高速公路限速规定 进出高速公路 跟车距离要求 低能见度通行条件下的通行规定 应急车道使用规定 高速公路禁止行为 高速公路机动车故障处置	

续表

考试项目	考试内容	考试要点	考试目标
3.道路交通违法行为及处罚	道路交通安全违法行政强制措施	扣留机动车的情形 扣留机动车驾驶证的情形 拖移机动车的情形 强制检验体内违禁饮（用）品含量的情形	考核是否掌握涉及道路交通安全的违法行为；是否了解相关的行政强制措施、行政处罚、刑事处罚知识
	道路交通安全违法行政处罚	道路交通安全违法的行政处罚种类 违反道路通行规定的处罚 饮酒、醉酒驾车的处罚 涉及登记证书、号牌、证件、标志违法的处罚 未投保交强险的处罚 违法停车的处罚 超速等其他违法行为的处罚 超载、超员的处罚	
	道路交通安全违法刑事处罚	交通肇事罪 危险驾驶罪 伪造、变造、买卖驾驶证 使用伪造、变造的或者盗用他人驾驶证 其他涉牌涉证行为的刑事处罚	
4.道路交通事故处理相关规定	道路交通事故处理	事故报警 事故现场处理 高速公路事故现场处置 自行协商事故处理 事故现场的强制撤离	考核是否掌握道路交通事故处理的相关知识
5.机动车基础	车辆结构与车辆性能常识	车辆的基本构成 车辆制动性对行车安全影响的相关知识 车辆通过性对行车安全影响的相关知识 车辆轮胎、燃油、润滑油、冷却液、风窗玻璃清洗液等运行材料的作用和使用要求	考核是否了解车辆基本构成和车辆性能常识；是否了解机动车主要仪表、指示灯、报警灯的作用；是否掌握常见操纵装置、安全装置的作用及使用要求等知识；是否熟知大中型客货车制动系统及安全装置相关知识
	常见操纵装置	转向盘的作用 机动车踏板的分类和作用 变速器操纵杆的作用 驻车制动器的作用 各类开关的辨识和作用	
	常见安装装置	仪表、指示灯、报警灯的辨识和作用 安全头枕的作用及使用要求 安全带的作用及使用要求 安全气囊的作用及使用要求 儿童安全座椅的作用及使用要求 防抱死制动装置等其他常见安全装置的作用 逃生出口种类和使用要求	

4.2.2 科目二

科目二考试,又称场地驾驶技能考试。应考人与公安机关交通管理部门车辆管理所预约后,才能参加科目二的考试。应考人参加科目二考试时,要交验机动车驾驶技能准考证明、身份证等,才参加考试。

科目二的考试主要是考核应考人在规定场地内,按照规定的行驶线路和操作要求完成驾驶机动车的情况,对车辆前、后、左、右空间位置的判断能力,对机动车基本驾驶技能的掌握情况。

科目二考试项目和操作要求如下。

❶ 桩考。

车型:普通三轮摩托车、普通两轮摩托车、轻便摩托准驾车型。

目的:考核机动车驾驶人操控三轮摩托车、两轮摩托车、轻便摩托车曲线行驶及转弯的能力。

a.考试线路设计(图4-2-1)。

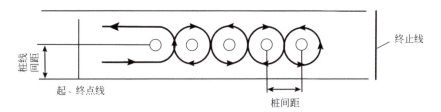

图 4-2-1 桩考考试线路设计

○桩位;——边线;→前进线

尺寸:
- 桩与边线的距离为车宽加30厘米;
- 桩间距,普通和轻便两轮摩托车为车长加50厘米,正三轮摩托车为车长加4厘米,侧三轮摩托车为车长加80厘米,
- 终止线距最后一根桩杆3倍车长。

b.操作要求。从起点处起步按箭头所示方向绕桩行驶至终点处停车。

❷ 坡道定点停车和起步。目的:考核机动车驾驶人在坡道上驾驶车辆的技能,准确判断车辆的位置,正确使用制动、挡位和离合器,以适应在上坡路段停车与起步的需要。

a.考试线路设计(图4-2-2)。

定点停车桩杆距坡底大于1.5倍车长,全坡长大于30米。

b.操作要求。机动车驾驶人应通过视觉和感觉及时判断坡道的坡度大小、长短及路宽等道路情况,采取正确的操作方法,控制车辆平稳停车和起步。

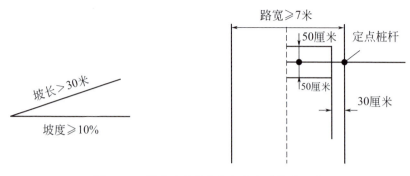

图 4-2-2　坡道定点停车和起步考试线路设计

做到转向正确，换挡迅速，操纵加速踏板、驻车制动器和离合器踏板的动作准确协调。

❸ 通过单边桥。目的：考核机动车驾驶人准确动用转向，正确判断车轮直线行驶轨迹、操纵车辆不平行运行的能力。

a. 考试线路设计（图4-2-3）。

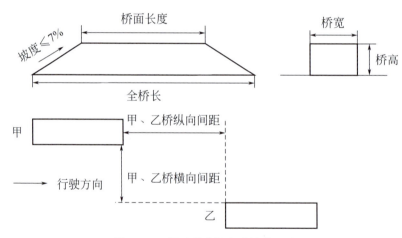

图 4-2-3　通过单边桥考试线路设计

尺寸如下。

- 桥宽：20厘米。
- 桥高：小于等于车辆最小离地间隙，摩托车桥高为5厘米，小型汽车桥高为8厘米，其他汽车桥高为12厘米。
- 甲、乙桥横向间距：车辆轮距加1米。
- 甲、乙桥纵向间距：牵引车挂车为2倍轴距，小型车辆为3倍轴距，其他车辆为2.5倍轴距。
- 桥面长度：1.5倍车辆轴距。
- 坡度：小于等于7%。

b.操作要求。机动车驾驶人按规定的行驶方向,正确操纵转向,将汽车的左、右侧前后车轮依次平稳、顺畅地驶过甲、乙两桥;三轮汽车、三轮摩托车用左、右后轮依次平稳、顺畅地驶过甲、乙两桥;两轮摩托车、轻便摩托车从桥上平稳、顺畅通过。

4.2.3　科目二考试的有关规定

❶ 场内地面平坦,坡度小于1%,附着系数大于0.40。

❷ 桩位、标线准确。

❸ 考试时起步要平稳,控制好加速踏板,保持速度均匀,不可忽快忽慢。密切注意车身左右两侧以及前后轮的位置,防止车辆碰桩。

❹ 考试方法应采用应考人单独驾驶的方式进行。

❺ 考试过程中,当车辆压、越库位线时,考试员可随时发出指示中止考试。

❻ 考试成绩应当场宣布。一次考试不合格者,初次考试可以安排一次补考;补考仍不合格者,即视为本次场地考试不合格。

❼ 考试时要遵守考场纪律,服从考试人员指挥。不准冒名替考、说情行为、徇私舞弊、弄虚作假。考场内禁止嬉笑打闹、围观走动或向应考人暗示。

4.2.4　科目二考试要点

科目二场地驾驶技能考试见表4-2-2。

表4-2-2　科目二场地驾驶技能考试

考试项目	考试要点	考试车型	考试目标
1. 桩考	正确判断车身行驶空间位置,操控车辆完成倒车或前进通过空间限位障碍	E、F	是否掌握车辆机件操纵方法;是否具备正确控制车辆运动空间位置的能力以及准确控制车辆的行驶位置、速度和路线的能力
2. 坡道定点停车和起步	准确控制停车位置,协调运用加速踏板、驻车制动器和离合器,平稳起步	E、F	
3. 通过单边桥	在行驶中操纵转向装置,控制轮保持直线,控制车辆曲线行驶	E、F	

4.3　驾驶资格证的取得

申请机动车驾驶证的人,应当符合下列规定。

（1）年龄条件

❶ 申请轻便摩托车准驾车型的，在18周岁以上。

❷ 申请普通三轮摩托车、普通两轮摩托车准驾车型的，在18周岁以上，60周岁以下。

（2）身体条件

❶ 视力：申请轻便摩托车、普通三轮摩托车、普通两轮摩托车准驾车型的，两眼裸视力或者矫正视力达到对数视力表4.9以上。

❷ 辨色力：无红绿色盲。

❸ 听力：两耳分别距音叉50厘米能辨别声源方向。有听力障碍但佩戴助听设备能够达到以上条件的，也不可以申请普通三轮摩托车、普通两轮摩托车准驾车型的机动车驾驶证。

❹ 上肢：双手拇指健全，每只手其他手指必须有三指健全，肢体和手指运动功能正常。

❺ 下肢：双下肢健全且运动功能正常，不等长度不得大于5厘米。

❻ 躯干、颈部：无运动功能障碍。

（3）有下列情形之一的不得申请机动车驾驶证

❶ 有器质性心脏病、癫痫病、梅尼埃尔症、眩晕症、癔症、帕金森病、精神病、痴呆以及影响肢体活动的神经系统疾病等妨碍安全驾驶疾病的。

❷ 三年内有吸食、注射毒品行为或者解除强制隔离戒毒措施未满三年，或者长期服用依赖性精神药品成瘾尚未戒除的。

❸ 造成交通事故后逃逸构成犯罪的。

❹ 饮酒后或者醉酒驾驶机动车发生重大交通事故构成犯罪的。

❺ 醉酒驾驶机动车或者饮酒后驾驶营运机动车依法被吊销机动车驾驶证未满五年的。

❻ 醉酒驾驶营运机动车依法被吊销机动车驾驶证未满十年的。

❼ 因其他情形依法被吊销机动车驾驶证未满两年的。

❽ 驾驶许可依法被撤销未满三年的。

❾ 法律、行政法规规定的其他情形。

初次申领机动车驾驶证的，可以申请准驾车型为普通三轮摩托车、普通两轮摩托车、轻便摩托车的机动车驾驶证。

（4）增驾

已持有机动车驾驶证，申请增加准驾车型的，应当在本记分周期和申请前最近一个记分周期内没有记满12分记录。

（5）其他类型驾驶证办证注意事项

持有军队、武装警察部队机动车驾驶证，或者持有境外机动车驾驶证，符合本规定的申请条件，可以申请相应准驾车型的机动车驾驶证。按照下列规定向车辆管理所提出申请：

❶ 在户籍所在地居住的，应当在户籍所在地提出申请；
❷ 在户籍所在地以外居住的，可以在居住地提出申请；
❸ 现役军人（含武警），应当在居住地提出申请；
❹ 境外人员，应当在居留地或者居住地提出申请；
❺ 申请增加准驾车型的，应当在所持机动车驾驶证核发地提出申请。

（6）申请机动车驾驶证应当提供的资料

初次申请机动车驾驶证，应当填写申请表，并提交以下证明。

❶ 申请人的身份证明。
❷ 符合健康体检资质的二级以上医院、乡镇卫生院、社区卫生服务中心、健康体检中心等医疗机构出具的有关身体条件的证明。

持军队、武装警察部队机动车驾驶证的人申请机动车驾驶证，应当填写申请表，并提交以下证明、凭证。

❶ 申请人的身份证明。属于复员、转业、退伍的人员，还应当提交军队、武装警察部队核发的复员、转业、退伍证明。
❷ 符合健康体检资质的二级以上医院、乡镇卫生院、社区卫生服务中心、健康体检中心等医疗机构出具的有关身体条件的证明。
❸ 军队、武装警察部队机动车驾驶证。

持境外机动车驾驶证的人申请机动车驾驶证，应当填写申请表，并提交以下证明、凭证。

❶ 申请人的身份证明。
❷ 符合健康体检资质的二级以上医院、乡镇卫生院、社区卫生服务中心、健康体检中心等医疗机构出具的有关身体条件的证明。属于外国驻华使馆、领馆人员及国际组织驻华代表机构人员申请的，按照外交对等原则执行。
❸ 所持机动车驾驶证，属于非中文表述的，还应当出具中文翻译文本。

（7）考试

机动车驾驶人考试内容分为道路交通安全法律、法规和相关知识考试科目（简称"科目一"）、场地驾驶技能考试科目（简称"科目二"）、道路驾驶技能和安全文明驾驶常识考试科目（简称"科目三"）。

考试内容和合格标准全国统一，根据不同准驾车型规定相应的考试项目。

科目一考试内容包括：道路通行、交通信号、交通安全违法行为和交通事故处理、机动车驾驶证申领和使用、机动车登记等规定以及其他道路交通安全法律、法规和规章。

科目二考试内容包括：普通三轮摩托车、普通两轮摩托车和轻便摩托车考试桩考、坡道定点停车和起步、通过单边桥。

科目三道路驾驶技能考试内容由省级公安机关交通管理部门确定。

科目三安全文明驾驶常识考试内容包括：安全文明驾驶操作要求、恶劣气象和复杂道路条件下的安全驾驶知识、爆胎等紧急情况下的临危处置方法以及发生交通事故后的处置知识等。

持军队、武装警察部队机动车驾驶证的人申请摩托车驾驶证的，免于考试核发机动车驾驶证。

持境外机动车驾驶证申请我国机动车驾驶证的，应当考试科目一。

内地居民持有境外机动车驾驶证，取得该机动车驾驶证时在核发国家或者地区连续居留不足三个月的，应当考试科目一、科目二和科目三。

属于外国驻华使馆、领馆人员及国际组织驻华代表机构人员申请的，应当按照外交对等原则执行。

各科目考试的合格标准为：

❶ 科目一考试满分为100分，成绩达到90分的为合格；

❷ 科目二考试满分为100分，成绩达到80分的为合格；

❸ 科目三道路驾驶技能和安全文明驾驶常识考试满分分别为100分，成绩分别达到90分的为合格。

（8）考试要求

车辆管理所应当按照预约的考场和时间安排考试。申请人科目一考试合格后，可以预约科目二或者科目三道路驾驶技能考试。有条件的地方，申请人可以同时预约科目二、科目三道路驾驶技能考试，预约成功后可以连续进行考试。科目二、科目三道路驾驶技能考试均合格后，申请人可以当日参加科目三安全文明驾驶常识考试。

申请人预约科目二、科目三道路驾驶技能考试，车辆管理所在六十日内不能安排考试的，可以选择省（自治区、直辖市）内其他考场预约考试。

车辆管理所应当使用全国统一的考试预约系统，采用互联网、电话、服务窗口等方式供申请人预约考试。

初次申请机动车驾驶证或者申请增加准驾车型的，科目一考试合格后，车辆管理所应当在一日内核发学习驾驶证明。属于自学直考的，车辆管理所还应当按规定发放学车专用标识。

申请人在场地和道路上学习驾驶，应当按规定取得学习驾驶证明。学习驾驶证明的有效期为三年，申请人应当在有效期内完成科目二和科目三考试。未在有效期内完成考试的，已考试合格的科目成绩作废。

学习驾驶证明可以采用纸质或者电子形式，纸质学习驾驶证明和电子学习驾驶证明具有同等效力。申请人可以通过互联网交通安全综合服务管理平台打印或者下载学习驾驶证明。

申请人在道路上学习驾驶，应当随身携带学习驾驶证明，使用教练车或者学车专用标识签注的自学用车，在教练员或者学车专用标识签注的指导人员随车指导下，按照公安机关交通管理部门指定的路线、时间进行。

申请人为自学直考人员的，在道路上学习驾驶时，应当在自学用车上按规定放置、粘贴学车专用标识，自学用车不得搭载随车指导人员以外的其他人员。

持军队、武装警察部队或者境外机动车驾驶证申请相应机动车驾驶证的，应当自车辆管理所受理之日起三年内完成各科目考试。

申请人因故不能按照预约时间参加考试的，应当提前一日申请取消预约。对申请人未按照预约考试时间参加考试的，判定该次考试不合格。

每个科目考试一次，考试不合格的，可以补考一次。不参加补考或者补考仍不合格的，本次考试终止，申请人应当重新预约考试，但科目二、科目三考试应当在十日后预约。科目三安全文明驾驶常识考试不合格的，已通过的道路驾驶技能考试成绩有效。

在学习驾驶证明有效期内，科目二和科目三道路驾驶技能考试预约考试的次数不得超过五次。第五次预约考试仍不合格的，已考试合格的其他科目成绩作废。

车辆管理所组织考试前应当使用全国统一的计算机系统当日随机选配考试员，随机安排考生分组，随机选取考试路线。

从事考试工作的人员，应当持有省级公安机关交通管理部门颁发的资格证书。公安机关交通管理部门应当在车辆管理所公安民警中选拔足够数量的专职考试员，可以在公安机关交通管理部门公安民警、文职人员中配置兼职考试员。可以聘用运输企业驾驶人、警风警纪监督员等人员承担考试辅助评判和监督职责。

考试员应当认真履行考试职责，严格按照规定考试，接受社会监督。在考试前应当自我介绍，讲解考试要求，核实申请人身份；考试中应当严格执行考试程序，按照考试项目和考试标准评定考试成绩；考试后应当当场公布考试成绩，讲评考试不合格原因。

每个科目的考试成绩单都应当有申请人和考试员的签名。未签名的不得核发机动车驾驶证。

考试员、考试辅助和监管人员及考场工作人员应当严格遵守考试工作纪律，不得为不符合机动车驾驶许可条件、未经考试、考试不合格人员签注合格考试成绩，不得减少考试项目、降低评判标准或者参与、协助、纵容考试作弊，不得参与或者变相参与驾驶培训机构经营活动,不得收取驾驶培训机构、教练员、申请人的财物。

直辖市、设区的市或者相当于同级的公安机关交通管理部门应当根据本地考试需求建设考场,配备足够数量的考试车辆。对考场布局、数量不能满足本地考试需求的,应当采取政府购买服务等方式使用社会考场,并按照公平竞争、择优选定的原则,依法通过公开招标等程序确定。

考试场地建设、路段设置、车辆配备、设施设备配置以及考试项目、评判要求应当符合相关标准。考试场地、考试设备和考试系统应当经省级公安机关交通管理部门验收合格后方可使用。公安机关交通管理部门应当加强对辖区考场的监督管理,定期开展考试场地、考试车辆、考试设备和考场管理情况的监督检查。

4.4 监督管理与处罚规定

4.4.1 考试监督管理

车辆管理所应当在办事大厅、候考场所和互联网公开各考场的考试能力、预约计划、预约人数和约考结果等情况,公布考场布局、考试路线和流程。考试预约计划应当至少在考试前十日在互联网上公开。

车辆管理所应当在候考场所、办事大厅向群众直播考试视频,考生可以在考试结束后三日内查询自己的考试视频资料。

车辆管理所应当对考试过程进行全程录音、录像,并实时监控考试过程,没有使用录音、录像设备的,不得组织考试。严肃考试纪律,规范考场秩序,对考场秩序混乱的,应当中止考试。考试过程中,考试员应当使用执法记录仪记录监考过程。

车辆管理所应当建立音视频信息档案,存储录音、录像设备和执法记录仪记录的音像资料。建立考试质量抽查制度,每日抽查音视频信息档案,发现存在违反考试纪律、考场秩序混乱以及音视频信息缺失或者不完整的,应当进行调查处理。

省级公安机关交通管理部门应当定期抽查音视频信息档案,及时通报、纠正、查处发现的问题。

车辆管理所应当根据考试场地、考试设备、考试车辆、考试员数量等实际情况,核定每个考场、每个考试员每日最大考试量。

车辆管理所应当对驾驶培训机构教练员、教练车、训练场地等情况进行备案。

车辆管理所应当每周通过计算机系统对机动车驾驶人考试和机动车驾驶证业务办理情况进行监控、分析。省级公安机关交通管理部门应当建立全省（自治区、直辖市）机动车驾驶人考试监管系统，每月对机动车驾驶人考试、机动车驾驶证业务办理情况进行监控、分析，及时查处、通报发现的问题。

车辆管理所存在为未经考试或者考试不合格人员核发机动车驾驶证等严重违规办理机动车驾驶证业务情形的，上级公安机关交通管理部门可以暂停该车辆管理所办理相关业务或者指派其他车辆管理所人员接管业务。

直辖市、设区的市或者相当于同级的公安机关交通管理部门应当每月向社会公布车辆管理所考试员考试质量情况、三年内驾龄驾驶人交通违法率和交通肇事率等信息。

直辖市、设区的市或者相当于同级的公安机关交通管理部门应当每月向社会公布辖区内驾驶培训机构的考试合格率、三年内驾龄驾驶人交通违法率和交通肇事率等信息，按照考试合格率对驾驶培训机构培训质量公开排名，并通报培训主管部门。

对三年内驾龄驾驶人发生一次死亡3人以上交通事故且负主要以上责任的，省级公安机关交通管理部门应当倒查车辆管理所考试、发证情况，向社会公布倒查结果。对三年内驾龄驾驶人发生一次死亡1～2人的交通事故且负主要以上责任的，直辖市、设区的市或者相当于同级的公安机关交通管理部门应当组织责任倒查。

直辖市、设区的市或者相当于同级的公安机关交通管理部门发现驾驶培训机构及其教练员存在缩短培训学时、减少培训项目以及贿赂考试员、以承诺考试合格等名义向学员索取财物、参与违规办理驾驶证或者考试舞弊行为的，应当通报培训主管部门，并向社会公布。

公安机关交通管理部门发现考场、考试设备生产销售企业存在组织或者参与考试舞弊、伪造或者篡改考试系统数据的，不得继续使用该考场或者采购该企业考试设备；构成犯罪的，依法追究刑事责任。

4.4.2 记分

道路交通安全违法行为累积记分周期（即记分周期）为12个月，满分为12分，从机动车驾驶证初次领取之日起计算。

依据道路交通安全违法行为的严重程度，一次记分的分值为：12分、6分、3分、2分、1分五种。

对机动车驾驶人的道路交通安全违法行为，处罚与记分同时执行。

机动车驾驶人一次有两个以上违法行为记分的，应当分别计算，累加分值。

机动车驾驶人对道路交通安全违法行为处罚不服，申请行政复议或者提起行政诉讼后，经依法裁决变更或者撤销原处罚决定的，相应记分分值予以变更或者撤销。

机动车驾驶人在一个记分周期内累积记分达到12分的，公安机关交通管理部门应当扣留其机动车驾驶证。

机动车驾驶人应当在十五日内到机动车驾驶证核发地或者违法行为地公安机关交通管理部门参加为期七日的道路交通安全法律、法规和相关知识学习。机动车驾驶人参加学习后，车辆管理所应当在二十日内对其进行道路交通安全法律、法规和相关知识考试。考试合格的，记分予以清除，发还机动车驾驶证；考试不合格的，继续参加学习和考试。拒不参加学习，也不接受考试的，由公安机关交通管理部门公告其机动车驾驶证停止使用。

机动车驾驶人在一个记分周期内有两次以上达到12分或者累积记分达到24分以上的，车辆管理所还应当在道路交通安全法律、法规和相关知识考试合格后十日内对其进行道路驾驶技能考试。接受道路驾驶技能考试的，按照本人机动车驾驶证载明的最高准驾车型考试。

机动车驾驶人在一个记分周期内记分未达到12分，所处罚款已经缴纳的，记分予以清除；记分虽未达到12分，但尚有罚款未缴纳的，记分转入下一记分周期。

4.4.3 审验

机动车驾驶人应当按照法律、行政法规的规定，定期到公安机关交通管理部门接受审验。

机动车驾驶人换领机动车驾驶证时，应当接受公安机关交通管理部门的审验。

持有摩托车准驾车型驾驶证的驾驶人，发生交通事故造成人员死亡承担同等以上责任未被吊销机动车驾驶证的，应当在本记分周期结束后三十日内到公安机关交通管理部门接受审验。

机动车驾驶人可以在机动车驾驶证核发地或者核发地以外的地方参加审验、提交身体条件证明。

机动车驾驶证审验内容包括：

❶ 道路交通安全违法行为、交通事故处理情况；

❷ 身体条件情况；

❸ 道路交通安全违法行为记分及记满12分后参加学习和考试情况。

持有摩托车准驾车型驾驶证发生交通事故造成人员死亡，承担同等以上责任且未被吊销机动车驾驶证的驾驶人，审验时应当参加不少于三小时的道路交通安全法律法规、交通安全文明驾驶、应急处置等知识学习，并接受交通事故案例警示教育。

对交通违法行为或者交通事故未处理完毕的、身体条件不符合驾驶许可条件的、未按照规定参加学习、教育和考试的，不予通过审验。

年龄在70周岁以上的机动车驾驶人，应当每年进行一次身体检查，在记分周期结束后三十日内，提交符合健康体检资质的二级以上医院、乡镇卫生院、社区卫生服务中心、健康体检中心等医疗机构出具的有关身体条件的证明。

机动车驾驶人参加审验时，应当申报身体条件情况。

机动车驾驶人因服兵役、出国（境）等原因，无法在规定时间内办理驾驶证期满换证、审验、提交身体条件证明的，可以向机动车驾驶证核发地车辆管理所申请延期办理。申请时应当填写申请表，并提交机动车驾驶人的身份证明、机动车驾驶证和延期事由证明。

延期期限最长不超过三年。延期期间机动车驾驶人不得驾驶机动车。

机动车驾驶人初次申请机动车驾驶证和增加准驾车型后的12个月为实习期。

在实习期内驾驶机动车的，应当在车身后部粘贴或者悬挂统一式样的实习标志。

驾驶人在实习期内驾驶机动车上高速公路行驶，应当由持相应或者更高准驾车型驾驶证三年以上的驾驶人陪同。

在增加准驾车型后的实习期内，驾驶原准驾车型的机动车时不受上述限制。

有听力障碍的机动车驾驶人驾驶机动车时，应当佩戴助听设备。

4.4.4　注销

机动车驾驶人具有下列情形之一的，车辆管理所应当注销其机动车驾驶证：
❶ 死亡的；
❷ 提出注销申请的；
❸ 丧失民事行为能力，监护人提出注销申请的；
❹ 身体条件不适合驾驶机动车的；
❺ 有器质性心脏病、癫痫病、梅尼埃尔症、眩晕症、癔症、帕金森病、精神病、痴呆以及影响肢体活动的神经系统疾病等妨碍安全驾驶疾病的；
❻ 被查获有吸食、注射毒品后驾驶机动车行为，正在执行社区戒毒、强制隔离戒毒、社区康复措施，或者长期服用依赖性精神药品成瘾尚未戒除的；
❼ 超过机动车驾驶证有效期一年以上未换证的；
❽ 年龄在70周岁以上，在一个记分周期结束后一年内未提交身体条件证

明的，或者持有残疾人专用小型自动挡载客汽车准驾车型，在三个记分周期结束后一年内未提交身体条件证明的；

❾ 年龄在60周岁以上，所持机动车驾驶证只具有无轨电车或者有轨电车准驾车型，或者年龄在70周岁以上，所持机动车驾驶证只具有低速载货汽车、三轮汽车、轮式自行机械车准驾车型的；

❿ 机动车驾驶证依法被吊销或者驾驶许可依法被撤销的。

有第❷～❿项情形之一，未收回机动车驾驶证的，应当公告机动车驾驶证作废。

有第❼项情形被注销机动车驾驶证未超过两年的，机动车驾驶人参加道路交通安全法律、法规和相关知识考试合格后，可以恢复驾驶资格。

有第❽项情形被注销机动车驾驶证，机动车驾驶证在有效期内或者超过有效期不满一年的，机动车驾驶人提交身体条件证明后，可以恢复驾驶资格。

4.4.5 对营运驾驶人的管理

道路运输企业应当定期将聘用的机动车驾驶人向所在地公安机关交通管理部门备案，督促及时处理道路交通安全违法行为、交通事故和参加机动车驾驶证审验。

公安机关交通管理部门应当每月向辖区内交通运输主管部门、运输企业通报机动车驾驶人的道路交通违法行为、记分和交通事故等情况。

4.5 换证与补证规定

申请人考试合格后，应当接受不少于半小时的交通安全文明驾驶常识和交通事故案例警示教育，并参加领证宣誓仪式。

属于申请增加准驾车型的，应当收回原机动车驾驶证。属于复员、转业、退伍的，应当收回军队、武装警察部队机动车驾驶证。

机动车驾驶人在机动车驾驶证的六年有效期内，每个记分周期均未记满12分的，换发十年有效期的机动车驾驶证；在机动车驾驶证的十年有效期内，每个记分周期均未记满12分的，换发长期有效的机动车驾驶证。

机动车驾驶人应当于机动车驾驶证有效期满前九十日内，向机动车驾驶证核发地或者核发地以外的车辆管理所申请换证。申请时应当填写申请表，并提交以下证明、凭证。

❶ 机动车驾驶人的身份证明。

❷ 机动车驾驶证。

❸ 符合健康体检资质的二级以上医院、乡镇卫生院、社区卫生服务中心、健康体检中心等医疗机构出具的有关身体条件的证明。

机动车驾驶人户籍迁出原车辆管理所管辖区的，应当向迁入地车辆管理所申请换证。机动车驾驶人在核发地车辆管理所管辖区以外居住的，可以向居住地车辆管理所申请换证。申请时应当填写申请表，提交机动车驾驶人的身份证明和机动车驾驶证，并申报身体条件情况。

年龄在70周岁以上的，不得驾驶普通三轮摩托车和普通两轮摩托车；持有普通三轮摩托车、普通两轮摩托车驾驶证的，应当到机动车驾驶证核发地或者核发地以外的车辆管理所换领准驾车型为轻便摩托车的机动车驾驶证。

机动车驾驶人自愿降低准驾车型的，应当填写申请表，并提交机动车驾驶人的身份证明和机动车驾驶证。

具有下列情形之一的，机动车驾驶人应当在三十日内到机动车驾驶证核发地或者核发地以外的车辆管理所申请换证：

❶ 在车辆管理所管辖区域内，机动车驾驶证记载的机动车驾驶人信息发生变化的；

❷ 机动车驾驶证损毁无法辨认的。

申请时应当填写申请表，并提交机动车驾驶人的身份证明和机动车驾驶证。

机动车驾驶人身体条件发生变化，不符合所持机动车驾驶证准驾车型的条件，但符合准予驾驶的其他准驾车型条件的，应当在三十日内到机动车驾驶证核发地或者核发地以外的车辆管理所申请降低准驾车型。申请时应当填写申请表，并提交机动车驾驶人的身份证明、机动车驾驶证、符合健康体检资质的二级以上医院、乡镇卫生院、社区卫生服务中心、健康体检中心等医疗机构出具的有关身体条件的证明。

机动车驾驶证遗失的，机动车驾驶人应当向机动车驾驶证核发地或者核发地以外的车辆管理所申请补发。申请时应当填写申请表，并提交以下证明、凭证：

❶ 机动车驾驶人的身份证明；

❷ 机动车驾驶证遗失的书面声明。

符合规定的，车辆管理所应当在一日内补发机动车驾驶证。

机动车驾驶人补领机动车驾驶证后，原机动车驾驶证作废，不得继续使用。

机动车驾驶证被依法扣押、扣留或者暂扣期间，机动车驾驶人不得申请补发。

第 5 章
场地驾驶

5.1 驾驶姿势

摩托车的驾驶姿势与操作和驾驶安全都有密切关系。驾驶姿势如下。上身略向前倾,挺直身躯,保持自然放松状态(图5-1-1)。

图 5-1-1 上身略向前倾并挺直身躯

头部抬起,目视前方(图5-1-2),视距注意力视车速而定,车速越快,要求视距注意力越远。通常车速为20～30千米/小时,视距为100米左右;车速为40～50千米/小时,视距为150米左右;车速为60～70千米/小时,视距为200米以上。

驾驶时两脚应放在脚蹬上（图5-1-3）。坐式摩托车右脚应放在制动踏板上，但不要踩制动踏板。

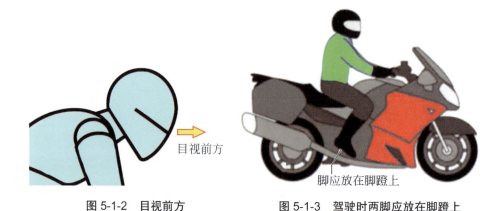

图 5-1-2　目视前方　　　　图 5-1-3　驾驶时两脚应放在脚蹬上

驾驶骑式摩托车时两腿应夹紧汽油箱（图5-1-4），使人与车形成一个整体。驾驶坐式摩托车时，双腿姿势应对称，使双膝微微弯曲，相互间隔不应过宽，尽量缩小其间隔。便于在倾簸不平的道路上行驶时，能保持车辆平衡或变坐式为半蹲式。

两手用相等的力量握住操纵手把（图5-1-5），在直线路面上行驶时，应保持两臂平行并稍稍弯曲，轻轻压住操纵手把，不应有一手弯曲，一手撑直的现象。低速转弯行驶时，可将一手向内拉，一手向外推，但必须均匀地用双手配合转弯，绝不可用手猛推和猛拉，因为这样易使前轮转向过急，后轮驱动力继续往前推，导致驾驶员失去控制能力。

错误的驾驶姿势为坐姿僵硬（图5-1-6）。

 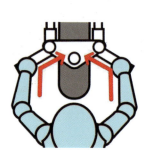 

图 5-1-4　两腿夹紧汽油箱　　　图 5-1-5　握住操纵手把　　　图 5-1-6　坐姿僵硬

5.2 发动机的启动与停熄

（1）发动机的启动操作顺序

❶ 将变速踏板踏入空挡，燃油开关手柄扳到开的位置（图5-2-1）。

图 5-2-1　换挡杆与燃油开关

❷ 冷车启动时，使化油器阻风门处于关闭或半关闭位置（图5-2-2），将加速转把转到1/8～1/4的转度，踏踩启动杆数次，使发动机升温。

图 5-2-2　化油器阻风门处于关闭

❸ 将点火开关钥匙插入并旋转到开（接通电源）的位置，用力踏踩启动杆启动发动机（有电启动装置的，只需按下启动按钮）（图5-2-3）。

图 5-2-3　启动

（2）启动时的姿势和动作

❶ 跨立式启动。驾驶员跨立在两轮摩托车上，左手握住离合器握把，右手控制加速转把，右脚支撑在地面上，左脚踏踩启动杆。

❷ 侧立式启动。驾驶员站在摩托车右侧，面对行驶方向，两手分别握住离合器握把和加速转把，右脚离车约30厘米，左脚踏踩启动杆。

对于三轮摩托车，驾驶员站在车辆左侧，面朝车辆右侧。左手将右操纵手把顺时针方向拉到底，并控制加速转把。右手扶在座椅上，用右脚踏踩启动杆。

❸ 发动机的熄火。发动机熄火时，转动加速转把关小油门，关闭点火开关，取出钥匙，发动机即可熄火。

5.3 起步与停车

（1）平路起步

摩托车起步的基本要求是：平稳、无冲击、发动机不熄火。

操作方法：观察各操纵部位的位置是否正确，如转向开关、大灯开关是否在关闭位置，空挡灯是否亮等。然后左手握紧离合器握把，右手关小油门，左脚将变速踏板踏入一挡，观察摩托车四周有无机动车、行人和其他障碍物，打开左转向灯。双手握稳方向把，左手慢松离合器握把，右手适当开大油门，使摩托车平稳起步。

(2)上坡起步

上坡起步因受上坡阻力的影响,在操作上除掌握一般起步要领和程序外,还应注意后制动踏板、离合器握把和加速转把操作的密切配合。三者之间的配合恰当与否,是能否顺利起步的关键。上坡起步的要求是:平稳、不熄火、不后退、不冲闯。

操作方法:右手握紧前制动握把,使车辆不往后溜,左手握紧离合器握把,左脚挂上一挡,右脚踏下后制动踏板,放松前制动握把,双手握紧方向把,视坡道情况,加大油门,将发动机转速提高到中速或低中速。同时慢松离合器握把至半联动,感觉发动机的声音变得低沉时,逐渐放松后制动踏板。如确认车辆不后溜则应徐徐加大油门,缓松离合器握把。车辆开始起步后,须迅速完全放松离合器握把,应注意摩托车起步后不要加速过猛。

放松后制动踏板的时机要恰到好处。若放松过早,摩托车不能克服上坡阻力而后溜;若放松过迟,会因制动力大于发动机输出功率而使发动机熄火。坡道很陡时,可运用前、后制动器将摩托车制动后起步。

(3)下坡起步

下坡起步和平路起步的操作要领相同。但因有下坡助力的作用,其加速时间可大大缩短甚至不用加速。有明显下坡或坡度较陡时,可用中速挡起步,在运用离合器握把和后制动踏板的操作方法上与上坡起步正好相反,可先放松后制动踏板,待摩托车已有一定的滑行速度后再松离合器握把,车辆便可平稳地滑行起步。

如果下坡中途停车,发动机熄火后需重新起步时,还可免去人力启动程序,直接挂入中速挡,接通点火开关,利用摩托车滑行惯性力,快松离合器握把起步和启动发动机。平稳起步的关键,在于根据地形和负荷情况,选择正确的挡位,正确地运用离合器握把和加速转把。另外,还应注意尽量缩短起步时间和避免大油门起步。若起步时间过长,会导致离合器摩擦片的烧损和摩托车抖动;若发动机空转转速过高,会加剧发动机各运动件的损坏。

(4)停车

摩托车需要停车时,必须正确运用制动器和油门,应首先减小油门,利用发动机的牵制力降低车速,然后缓慢地踏下后制动器踏板迫使车速减慢,当车速降至10千米/小时以下的速度时,握紧离合器握把,左脚将变速踏板踏回空挡,右手缓慢握紧前制动握把,使摩托车平稳地实现停车。

5.4 换挡

（1）摩托车挡位使用知识

摩托车的低速挡一般适用于起步、上坡或需要缓慢行驶的道路。中速挡是由低速挡向高速挡或由高速挡向低速挡过渡的挡位，一般在转弯、过桥、缓坡道、会车或通行较困难的道路上使用。高速挡适合在较好道路上使用。使用高速挡时应避免低速行车。

（2）换挡操作

❶ 加挡（由低速挡换入高速挡）。加挡时，应首先加大油门，提高发动机转速，然后迅速握紧离合器握把，使离合器分离，同时减小油门，用脚踩下变速踏板换入高一级挡位，再慢松离合器，同时逐渐加大油门至与车速相适应。

❷ 减挡（由高速挡换入低速挡）。减挡时，必须降低车速，迅速握紧离合器握把使离合器分离，然后用脚踩下变速踏板换入低一级挡位，缓缓松开离合器握把，同时徐徐加大油门至与车速相适应。

（3）换挡注意事项

❶ 挡位的变换应按顺序依次进行，不准越级换挡。

❷ 换挡动作应连贯、迅速、准确，使车速平稳过渡，不能有冲撞或停顿现象。

❸ 换挡时，油门配合应适当，加挡前应先加油增速，然后加挡；减挡时应先减油降速（上坡时车速随负荷的增加而降低，无须减油），然后减挡。

❹ 各挡最高时速应控制在规定速度以内，禁止用低速挡大油门或高速挡小油门行驶。

5.5 转弯

骑摩托车转弯时，应根据道路情况，降低车速，采取适当的转弯角度，掌握好摩托车的横向稳定性。转弯时摩托车会产生离心力。如果车速快，转弯急，容易引起摩托车侧滑或发生横向翻车（图5-5-1）。

图 5-5-1　转弯示意

（1）转弯操作要领

转弯时，驾驶员要根据弯道的急缓程度及其视线是否清楚来控制行驶速度。对于弯度较小（转弯半径较大）并且视线较清楚的弯道，在转弯前，应迅速降低车速，进入弯道后再徐徐加油驶出弯道。对于弯曲度较大且视线不好的弯道，在转弯和整个弯道行驶过程中，必须降低车速，待摩托车驶出弯道后再逐渐加速。

（2）转弯时的驾驶姿势

摩托车转弯时，还要选择合理的倾斜度和驾驶姿势，以保证摩托车的稳定和安全行驶。转弯有三种姿势，即身体向内偏斜、身体中等偏斜和身体向外偏斜。

（3）转弯注意事项

除紧急情况外，转弯时一般不要使用制动器，以防侧滑。如果车速过快，应在转弯前的直道上事先降低车速。侧三轮摩托车左右转向的稳定性能不一样，左转向时其稳定性较好，右转向时较差。初学时，为防止翻车事故，应用低速转向，禁止盲目快速急转弯。

5.6 制动

驾驶摩托车制动时，驾驶人从发现情况到采取制动动作，有一段"反应时间"，一般为0.5秒左右。在这段时间摩托车所行驶的距离为"反应距离"。从驾驶人采取制动措施到车辆完全停止的这段距离称为"制动距离"。反应距离加上制动距离为"停车距离"。初学驾驶摩托车时应正确运用制动器和掌握运用制动的时机，才能自如地进行制动，保证安全行车。

❶ 制动时，尽量采取预见性制动，即预先做好思想准备和制动准备，轻踩制动踏板，提前降低车速，并使摩托车保持直线行驶状态，切忌在摩托车倾斜或转弯时使用制动器。

❷ 制动时，宜采用轻踩、连续分几次制动的方法，不要用力一次制动到底。若制动太猛、太急，摩托车容易侧滑，发生危险。

❸ 制动时，要前、后轮制动器同时均匀地使用，不要只使用前轮制动，这将有向前倾翻的危险，也不要只用后轮制动，那将加速后轮制动器的磨损。

❹ 紧急制动时，首先应迅速将加速转把降至最低位置减速，立即猛踩后制动踏板，同时迅速紧握前制动握把，使前、后轮制动器同时制动，以迫使摩托车迅速停车。由于紧急制动对摩托车损耗较大，危险性高，只有在紧急情况时才使用。

第6章
道路驾驶

6.1 一般道路驾驶

6.1.1 选择合适的行驶道路

在一般道路上行驶时,如前面无来车,后面无超车,应设法使车辆在道路中间行驶(图6-1-1)。

扫一扫
看动画视频

图 6-1-1 在道路中间行驶

同一方向多车道，应按交通标示牌指示，在规定的车道上行驶（图6-1-2）。

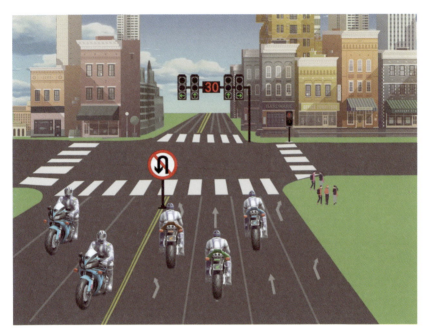

图 6-1-2　在规定的车道上行驶

在视线不良的弯道上必须靠右侧行驶，以防撞车（图6-1-3）。

图 6-1-3　车辆靠右侧行驶

借道行驶的车辆驶回原车道时，须察明情况，开转向灯，确认安全后驶回原车道（图6-1-4）。

图 6-1-4　开转向灯驶回原道

6.1.2　合理控制行车速度

在一般道路上行驶，驾驶人应该根据车辆条件、道路交通情况和交通标示牌的指示限制车速，合理控制行车速度（图6-1-5）。

扫一扫
看动画视频

图 6-1-5　按道路限速标志标明的速度行驶

6.1.3 保持必要的同向行车距离

同向行驶的前后车辆,必须保持一定的安全间隔距离,以防前车驾驶人紧急制动而后车驾驶人措手不及,造成追尾撞车。前后车辆间隔距离的长短主要应根据行车速度、天气、路面状况等条件而定。在正常行驶条件下,一般可按车速的千米数为跟前车距离的米数的原则来保持间距,如车速为70千米/小时,跟前车距离为70米,以此类推。但车速为5千米/小时以下时,跟车距离应为5米以上(图6-1-6和图6-1-7)。

扫一扫
看动画视频

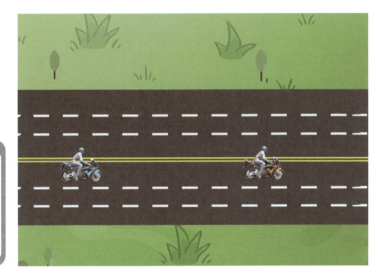

图6-1-6　保持车距行驶

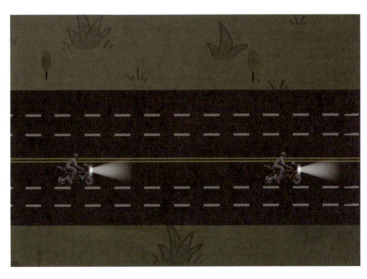

图6-1-7　天气昏暗条件下行驶

6.1.4　掌握侧向行车间距

行车时，车辆两侧必须保持一定的侧向间距。因为车辆行驶中可能存在着左右晃动现象，车速越快，装载重心越高，晃动幅度越大，这种晃动会改变车辆之间侧向的实际间距。

一般情况下，车速在40千米/小时以上时，同向行驶时的侧向间距应大于1.2米，异向行驶时的侧向间距应大于1米；车辆与人行道或路边的树林、行人、非机动车的间隔应大于0.8米。若道路条件不允许保持足够的侧向安全间距时，应减速慢行，谨慎驾驶（图6-1-8）。

扫一扫
看动画视频

图6-1-8　保持侧向行车安全间距

6.1.5　会车和超车

（1）会车

在没有中心隔离设施或者没有中心线的道路上，机动车遇相对方向来车时应当遵守下列规定。

❶ 减速靠右行驶，并与其他车辆、行人保持必要的安全距离（图6-1-9）。

扫一扫
看动画视频

扫一扫
看动画视频

图 6-1-9　减速靠右安全会车

❷ 在有障碍的路段，无障碍的一方先行；但有障碍的一方已驶入障碍路段而无障碍的一方未驶入时，有障碍的一方先行（图 6-1-10）。

(a)

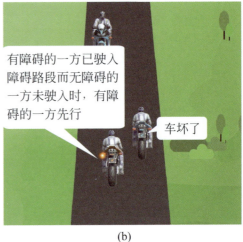
(b)

图 6-1-10　有障碍路段会车

❸ 在狭窄的坡路，上坡的一方先行；但下坡的一方已行至中途而上坡的一方未上坡时，下坡的一方先行（图6-1-11）。

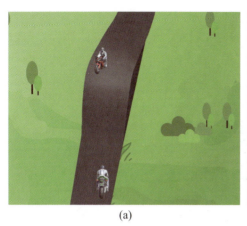
(a)

下坡的一方已行至中途而上坡的一方未上坡时，下坡的一方先行
(b)

图 6-1-11　狭窄的坡路会车

❹ 在狭窄的山路，不靠山体的一方先行（图6-1-12）。

图 6-1-12　山路会车

❺ 夜间会车应当在距相对方向来车150米以外改用近光灯，在窄路、窄桥与非机动车会车时应当使用近光灯（图6-1-13）。

扫一扫
看动画视频

图 6-1-13　夜间会车

（2）超车

超车是指需要超越同一方向行驶的车辆。超车应选择道宽路直、视线良好、路旁左右均无障碍物的路段进行。

❶ 超车前，应加速到与前车相同的速度并跟驶一段距离，同时观察前方的交通情况（准备阶段）；接着，打开左转向灯，并鸣喇叭（夜间采用变换远近前照灯光）示意前车让道（发出信号阶段）（图6-1-14）。

扫一扫
看动画视频

图 6-1-14　超车前

❷ 待前车让道后加速超越，超过前车后，仍应保持超越时的速度（超车阶段）（图6-1-15）。

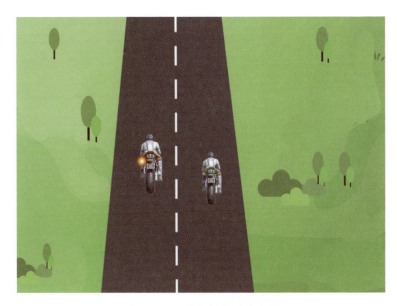

图 6-1-15　保持超越时的速度

❸ 当超过被超车辆30～50米时，在不影响被超车辆行驶的情况下，打开右转向灯，驶回原车道，关闭转向灯（驶回阶段）。超车过程的加速，不能违反超车路段的限速规定（图6-1-16）。

图 6-1-16　完成超车

6.1.6 通过坡道驾驶

（1）上坡（图6-1-17）

❶ 驾驶车辆上坡前，要提前减挡，使发动机保持一定的牵引力徐徐而上。如遇短而不陡的坡道，无急弯和路面障碍，对面又无来车时，可以适当加速，利用车辆的行驶惯性冲坡，减少换挡。

❷ 驾驶车辆进入长而陡的坡道时，如果条件允许，同样可以加速冲坡，也可以提前换入低一级挡位后加速冲坡。但不能超过油门踏板全行程的3/4，更不可超过该坡道路段规定许可的最高车速猛冲，也不应连续加大油门强行提速冲坡。

❸ 采用低速挡连续不断慢上坡，长时间行驶时，油门应控制在使车辆能平稳行驶为度。

❹ 遇有坡道弯曲，视线距离受到限制时，必须低挡谨慎行驶，做到"减速、鸣号、靠右行"，弯道处严禁超车。

图 6-1-17　上坡

（2）下坡（图6-1-18）

❶ 驾驶车辆下坡行驶时，应提前轻踏制动，及早控制车速，将车速控制在随时可以制动停车的范围内。

❷ 驾驶车辆在缓直的下坡道上行驶，可挂高速挡，注意路况，随时控制车速或制动停车。

图 6-1-18 下坡

（3）上、下坡注意事项

❶ 通过弯曲坡道时，因视线受限制，须低速靠右行驶，禁止超车。

❷ 下坡驾驶如使用制动时间过长，会使制动鼓、制动蹄片发热而降低制动效果，应选择适当的地点休息并检查车况。严禁向高温的制动鼓和制动蹄片浇凉水，以防制动鼓、制动蹄片变形。

❸ 驾驶车辆经较长下坡道路时，应用发动机控制车速；通过长而陡的下坡道路时，应采用断续制动方式控制车速。注意防止连续长时间使用行车制动器，以免造成温度过高而失效。禁止机动车下陡坡熄灭火或空挡滑行。万一行车制动器失效，应马上越级换入低速挡（俗称抢挡），利用发动机的牵阻作用并配合驻车制动器迅速减速停车。"抢挡"操作对车辆机件损伤较大，并有一定的危险性，若非万不得已的情况下，严禁使用。

❹ 坡道行驶时，如遇两辆以上同向行驶的车辆时，应与前车保持必要的安全距离，以防前车后滑发生危险。当有对方来车下坡时，应按坡道会车规定和选择安全的会车地段会车。

6.1.7 坡道停车

驾驶车辆上坡途中需临时停车，应将车停稳后，将发动机熄火，并拉紧驻车制动器，将变速器操纵杆推入一挡位置，在下坡道上临时停车时，应熄灭发动机，拉紧驻车制动器，将变速器操纵杆推入倒挡位置。

在较陡的坡道需要临时停车，还须用三角木或石块塞住车轮，以防车辆向下溜动。

6.1.8　通过桥梁驾驶

❶ 驾驶摩托车通过桥梁，应严格遵守桥头附近标明的限载、限速规定，与前车保持必要的安全距离；如有意外情况或视线不清，应提前减速；通过窄桥应注意对行车辆，避免在桥上交会。

❷ 通过拱桥，应减速慢行，行至拱顶时鸣号示警（夜间应闪烁前大灯），并注意下桥情况，随时做好临时制动准备。

❸ 通过吊桥、浮桥、木桥时，须下车查看，低挡缓速通过，严禁在桥上换挡、制动、停车，以减少对桥梁的冲击。

6.1.9　通过隧道驾驶

通过隧道时，应注意隧道交通标志所示净空高度，注意对方有无来车或其他障碍物，适当减速行驶，开启前照灯，一气通过，不得在隧道内超车或停车。

6.1.10　通过铁路道口驾驶

❶ 通过铁路道口，应提前减速，做到"一慢、二看、三通过"，并听从铁路道口管理人的安排。

❷ 在无人管理的铁路道口，应停车观察。确认安全后通过，不得在铁路道口停车、超车。

❸ 在铁路道口区域车辆发生故障不能行驶时，不可以停留，须尽快将车辆移开，严禁在此区域内检修车辆。

两个红灯交替闪烁或者一个红灯亮时，表示禁止车辆、行人通行（图6-1-19）。

扫一扫
看动画视频

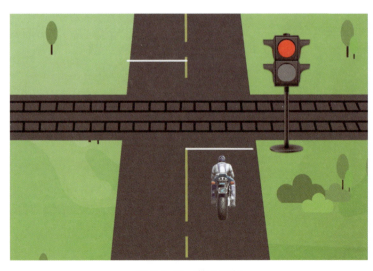

图 6-1-19　禁止通行

红灯熄灭时，表示允许车辆、行人通行（图6-1-20）。

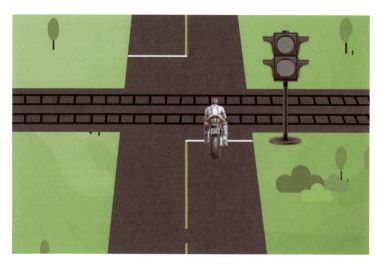

图 6-1-20 允许通行

6.2 特殊条件道路驾驶

6.2.1 通过障碍路面驾驶

通过有障碍物的路面时，应观察障碍物的大小及在道路上的位置等，然后决定通过的方式。障碍物在公路一侧，不影响另一侧行驶时，可沿另一侧通过（图6-2-1）。

扫一扫
看动画视频

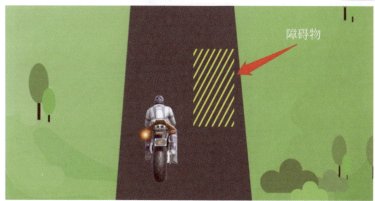

图 6-2-1 通过障碍路面驾驶

6.2.2　凹凸不平道路驾驶

在凹凸不平的公路上行驶时，驾驶员须熟练地运用油门与离合器的相互配合，同时要握紧方向盘手把，时刻注意路面情况，选择适宜的车速及正确的通过方法。

❶ 凹凸不平的道路上有车辙时，应循原车辙缓慢行驶通过。

❷ 遇横断路面的小沟槽，可使车辆斜向低速通过；通过较大坑洼或较宽沟槽时，应提前减挡减速，使前轮缓速平稳地驶入坑底，待后轮渐渐驶入坑底时，再加速驶出。

6.2.3　通过盘山道路或山区道路驾驶

盘山道路的特点是坡道长且陡，路窄弯急，视线受到限制。驾驶时应时刻注意道路情况，转向时机要准确，换挡动作要迅速，同时还要注意各种交通标志，以便提前采取措施。

在山区道路驾驶，通过一边靠山、一边临崖或河流的傍山险路时，应保持低速谨慎驾驶，转弯时应做到减速、鸣号。山区道路起伏，凹凸不平，路窄弯多，应高度注意路面变化和路两旁情况，选择适合的车速，谨慎驾驶（图6-2-2）。

图 6-2-2　在山区道路驾驶

6.2.4 通过泥泞路驾驶

❶ 通过泥泞路前,要根据泥泞路段的长短和路面松软情况,选用适当的挡位,保持足够的动力稳速通过,避免途中换挡或停车。切忌猛转方向或紧急制动。

❷ 在泥泞的路段行车时,应选择好的路面行驶,防止产生滑溜。如需靠边让车、停车,应先在路中央减速,避免行驶到路边时再制动减速,以防车辆产生侧滑。

❸ 在泥泞路段下坡,要用适当挡位,利用发动机控制车速。

❹ 车轮空转打滑,应挖去泥浆,铺上沙石、草木,正常驶出,而不能采用猛松离合器、猛加速的方法驶出,这样不仅使轮胎严重磨损,同时传动机件也会受到严重损坏。如使用一般方法仍不能驶出,可采取其他互救和自救措施。

6.2.5 夜间道路驾驶

驾驶车辆夜间行驶,应打开照明灯和车宽灯、车尾灯等,小心谨慎驾驶(图6-2-3)。夜间行驶在没有交警指挥的交叉路口时,可用变换远近光灯示意其他车辆或行人注意;如果行驶中全车灯光突然熄灭,应立即停车,严禁继续行车;夏季夜间行车,还要注意道路两侧及路堤、桥上乘凉的休息人员,谨防发生伤人事故。

扫一扫
看动画视频

图 6-2-3　夜间驾驶注意车距

夜间行驶时,要特别注意向其他车辆显示自己的存在,如身穿色调明亮的浅色服装,在头盔后部贴上反光片等,夜间行驶在路况不好或行驶在不熟悉的线路上,除注意道路标志和路旁地形外,还应掌握以下判断道路状况的方法。

❶ 车速自动减慢、发动机声音变得沉闷,说明行驶阻力增大,可能车辆正

在上坡或行驶在松软路面上；车速自动增快、发动机声音变得轻松，说明阻力减小，可能车辆正在下坡。

❷ 灯光照射距离由远变近，表示车辆已驶近上坡道、急弯或要到达起伏坡路的低谷地段。

❸ 灯光照射距离由近变远，表示车辆正在驶入下坡道或已由弯道转入直线。

❹ 灯光离开路面，表示前方可能出现急弯或面临大坑，或者是上坡车正接近坡顶。

❺ 灯光由路中移向路侧时，表示前方出现一般弯道。若灯光从道路的一侧扫移到另一侧，表示前方是连续弯道。

❻ 道路前方出现黑影，若车辆驶近时逐渐消失，表示路面有浅小洼坑；若黑影仍不消失，表示路面有深坑。

6.2.6 严寒冰雪气候条件下的驾驶

我国北方地区，冬季气温很低，车辆在低温条件下，会出现润滑油脂黏度增大，发动机启动困难，起步、加速费力，冰冻积雪易使轮胎打滑，驾驶员穿着较厚、驾驶操作不灵活等现象。因此，驾驶员应做好各项工作，以保证行车安全，如出车前应对车辆发动机等有关机件部位预热加温，以便于启动和减少机件磨损；行驶时应注意发动机保暖，防止散热器结冰；停驶后，将散热器、发动机水套内的冷却水全部放出，使发动机怠速运转1～2分钟后，将残留的水分蒸发殆尽，以防止结冰。在冰雪气候下驾驶，驾驶人应采取相应的安全驾驶措施。

❶ 应在车辆驱动轮上安装防滑链，以增强车辆的附着性能。过了冰雪路后，应立即拆除，以免损坏轮胎和地面。

❷ 雪天行车盲区大，驾驶途中要不断清除挡风玻璃上的积雪，使视线少受影响。在弯路、坡道、河谷等危险地段行驶，应特别注意选择合理行驶路线，必要时停车勘察。

❸ 起步时，应缓松离合器，油门不宜过大，防止车轮滑转或侧滑，注意控制车速，保持中速或低速行驶，禁止急加速。遇有情况需要减速时，应换低速挡控制车速，或尽量利用发动机的牵阻作用降速，不得使用紧制动。

6.2.7 城市道路驾驶

城市道路交通设施和控制信号装置比较完善，道路一般都划分有机动车道与非机动车道，机动车与非机动车分道行驶。

（1）机动车信号灯和非机动车信号灯规定

❶ 绿灯亮时，准许车辆通行，但转弯的车辆不得妨碍被放行的直行车辆、

行人通行（图6-2-4）。

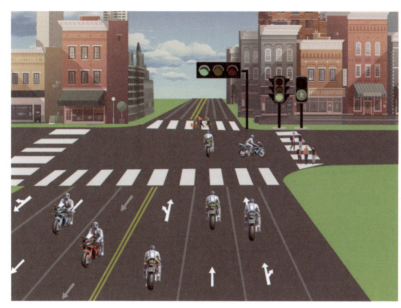

图 6-2-4　绿灯亮时通行规定

❷ 黄灯亮时，已越过停止线的车辆可以继续通行（图6-2-5）。

图 6-2-5　黄灯亮时通行规定

❸ 红灯亮时，禁止车辆通行（图6-2-6）。

图 6-2-6　红灯亮时通行规定

扫一扫
看动画视频

在未设置非机动车信号灯和人行横道信号灯的路口，非机动车和行人应当按照机动车信号灯的指示通行。

红灯亮时，右转弯的车辆在不妨碍被放行的车辆、行人通行的情况下，可以通行。

（2）车道信号灯规定

❶ 绿色箭头灯亮时，准许本车道车辆按指示方向通行（图 6-2-7）。

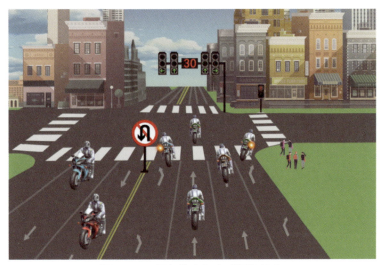

图 6-2-7　绿色箭头灯亮时通行规定

❷ 红色叉形灯或者箭头灯亮时，禁止本车道车辆通行（图6-2-8）。

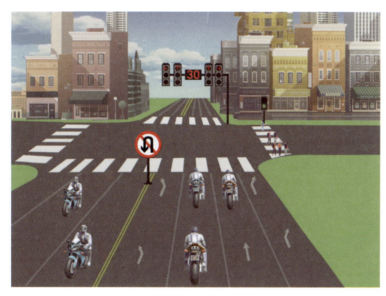

图 6-2-8　红色叉形灯或者箭头灯亮时通行规定

（3）方向指示灯规定

方向指示信号灯的箭头方向向左、向上、向右分别表示左转、直行、右转（图6-2-9）。

扫一扫
看动画视频

图 6-2-9　方向指示灯亮时通行规定

（4）闪光信号灯规定

闪光警告信号灯为持续闪烁的黄灯，提示车辆、行人通行时注意瞭望，确认安全后通过（图6-2-10）。

扫一扫
看动画视频

图 6-2-10　闪光警告信号灯亮时规定

（5）机动车通行规定

❶ 车道行驶规定。

a.在道路同方向划有2条以上机动车道的，左侧为快速车道，右侧为慢速车道。在快速车道行驶的机动车应当按照快速车道规定的速度行驶，未达到快速车道规定的行驶速度的，应当在慢速车道行驶。

摩托车应当在最右侧车道行驶（图6-2-11）。

图 6-2-11　车道行驶规定（一）

b. 有交通标志标明行驶速度的，按照标明的行驶速度行驶。
慢速车道内的机动车超越前车时，可以借用快速车道行驶（图6-2-12）。

图6-2-12　车道行驶规定（二）

c. 在道路同方向划有2条以上机动车道的，变更车道的机动车不得影响相关车道内行驶的机动车的正常行驶（图6-2-13）。

图6-2-13　车道行驶规定（三）

❷ 限速规定。机动车在道路上行驶不得超过限速标志、标线标明的速度。在没有限速标志、标线的道路上，机动车不得超过下列最高行驶速度。

a. 没有道路中心线的道路，城市道路为每小时30千米，公路为每小时40千米（图6-2-14）。

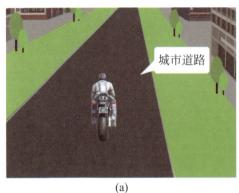
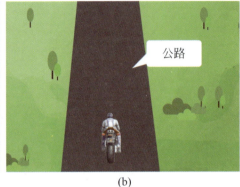

图6-2-14　限速规定（一）

b. 同方向只有1条机动车道的道路，城市道路为每小时50千米，公路为每小时70千米（图6-2-15）。

图6-2-15　限速规定（二）

c.机动车行驶中遇有下列情形之一的,最高行驶速度不得超过每小时30千米,其中拖拉机、电瓶车、轮式专用机械车不得超过每小时15千米(图6-2-16):

- 进出非机动车道,通过铁路道口、急弯路、窄路、窄桥时;
- 掉头、转弯、下陡坡时;
- 遇雾、雨、雪、沙尘、冰雹,能见度在50米以内时;
- 在冰雪、泥泞的道路上行驶时;
- 牵引发生故障的机动车时。

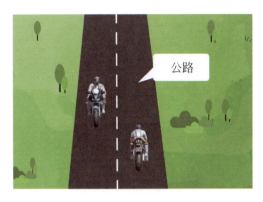

图 6-2-16 限速规定(三)

❸ 掉头规定。

a.机动车在有禁止掉头或者禁止左转弯标志、标线的地点以及在铁路道口、人行横道、桥梁、急弯、陡坡、隧道或者容易发生危险的路段,不得掉头(图6-2-17)。

扫一扫
看动画视频

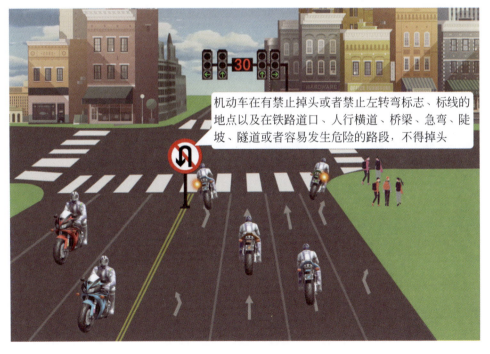

图 6-2-17 掉头规定(一)

b.机动车在没有禁止掉头或者没有禁止左转弯标志、标线的地点可以掉头,但不得妨碍正常行驶的其他车辆和行人的通行(图6-2-18)。

图 6-2-18　掉头规定（二）

6.2.8　上下渡船驾驶

上下渡船前应先察看陆地与渡船的连接部分是否可靠,并观察好上、下船的行驶路线及停车位置。上下渡船应严格服从渡口管理人员指挥,使用一、二挡平稳行驶,不可强行超越或抢先,不可加油猛冲,避免中途换挡停车。上船停稳后,将变速杆推入一挡,必要时可用三角木将车轮垫好。

6.2.9　炎热气候的驾驶

车辆在炎热气候下停放或行驶,车辆机件长时间处于高温下,容易出现以下现象:水箱温度升高,导致发动机温度升高;轮胎温度升高,轮胎气压过大;润滑油的黏度降低,引起润滑不良,加快机件磨损;阳光强烈,强光下眼睛长时间受到刺激,视觉昏花;驾驶人应特别注意,驾驶车辆时保持良好的身体状况。

炎热气候驾驶摩托车应注意事项如下。

❶ 防止轮胎爆破。行驶中若发现轮胎温度过高、胎压过大时,不可采用放气或浇冷水的办法处理,应将车停放在阴凉处,使胎温逐渐下降,胎压恢复正常。

❷ 防止制动失效。炎热气候中,制动器的皮碗容易发生膨胀,制动液的蒸发和气化都会造成制动失效,在行驶途中要经常检验制动性能。下坡时,不能频繁使用制动装置,防止制动毂温度过高,降低制动效能。

❸ 加强日常维护。炎热夏天长期行驶的车辆,要经常检查润滑油的黏度和保有量,及时更换或添加润滑油;经常检查蓄电池的电解液,及时添加蒸馏水,保持蓄电池盖通气孔畅通;要经常检查冷却水,保持冷却水足量。

❹ 保持良好的身体状态,驾驶时精力充沛,注意力集中。尽量应避开午后行车、饭后行车;驾驶中感到疲劳时不要勉强行车,应停车适当休息,使头脑清醒,待精神恢复后再继续行车。强光下要佩戴有色太阳眼镜,以保护驾驶员的视力等。

6.2.10 台风气候的驾驶

台风气候,天气变化多端,最明显的是天色阴沉,风夹雨吹打,影响观察视线;车辆行驶阻力大,经常受到横向冲击力和纵向冲击力,影响车辆的稳定性;道路复杂,经常出现路旁树木断折、建筑物倒塌、路面障碍物等影响车辆行驶的情况。因此,在台风气候驾驶车辆,应注意以下事项。

❶ 经常注意气象预报和天气变化,尽量避免在台风来临时出车。

❷ 行车时遇台风即将来临,应停车检查装载物品的捆扎情况,如有松动应拉紧;零星物件应予放妥,防止台风吹落;载货不宜太高,防止造成翻车事故。

❸ 熟悉道路情况,如遇海潮淹没道路或洪水冲击道路时,可选择其他道路绕行,避免发生危险。

❹ 驾驶途中遇特大台风来袭,不能强行驾驶,必须选择安全地点暂停,台风减弱时再继续行驶。

6.2.11 雨、雾气候的驾驶

摩托车驾驶员应保护好护目镜,不使其沾上水滴、泥水,以免影响视线。雨、雾中行车,视距较短,车与车之间距离估计不准,因此应降低车速,密切注意路面情况,随时准备停车。雨、雾气候驾驶车辆应注意以下事项。

❶ 防止雨水淋湿电气线路,覆盖好运载货物。

❷ 摩托车制动以后轮制动为主,使用制动时不能施力太大,以免车轮抱死。遇有大暴雨或特大暴雨以及强烈行雷闪电时,要选择安全地点停车暂避,

并开启示宽灯示意来往车辆注意。

❸ 由于雨水冲击，路基可能会出现疏松和堤坡裂塌现象，因而应选择公路中间紧实的路面行驶，避免靠边行驶或停车。

❹ 一般道路雨、雾天驾驶车辆应尽量靠右行，与车辆及行人保持充分的安全距离，并应开启防雾灯和示宽灯，严密观察并注视前方交通情况；在城市以外道路行驶，必要时，适当鸣号引起车辆、行人注意。视线不清时，严禁超车，应保持中、低速行驶。

6.2.12 涉水驾驶

路面积水，或驾驶车辆通过浅水滩时，由于水的阻力和浮力作用，车轮与路面的附着能力减小，使车辆的行驶阻力增大；又由于水流的波动冲击，车辆稳定性受影响，使得车辆容易侧滑或翻车，因此，驾驶人须正确掌握涉水驾驶的操作方法。

❶ 涉水前，要了解水深、流速、流向和水底的道路坚实程度，如有设置涉水线路标志应按标志所示驾驶方向行驶。

❷ 涉水时，应使用低速挡，平稳地一气通过，尽量避免中途停车、变挡、变速和急剧转向。

❸ 车辆涉水后，制动盘鼓可能受到水的浸泡，制动性能比原来差。通过涉水路段后，驾驶员应在条件好的路段上低速行驶一段路程并使用制动器，排干制动蹄片上的水分，以保证制动。

6.3 高速公路驾驶

我国规定，高速公路上只允许设计时速达到70千米以上的机动车辆通行，行人、非机动车、拖拉机、农用运输车、电瓶车、轮式专用机械车、全挂牵引车，以及设计最高时速低于70千米的机动车辆，不准进入高速公路。高速公路行车车速快，平均时速较普通公路高60%～70%；高速公路交通容量大，通行能力一般可达25000辆/日以上，比普通公路高几倍甚至几十倍。车速快，通行容量大，是高速公路的两大特点。我国高速公路，一般都设有限制出、入口，采用全封闭控制方式，控制车辆出入；高速公路在与铁路、公路、乡村道路、人行道等线路交叉处，全部采用立体交叉，排除横向干扰，增加高速车流的稳定性；高速公路用中央隔离带、隔离护栏等设施将对向车流完全分开，解决了一般公路对向行驶时的会车干扰；一般高速公路都设有两条以上同方向的车道；高速公路还设有健全的交通安全设施、管理设施及服务设施，如路边护栏、隔离栅、交通标志、路面标线、照明设施、紧急电话、救护中心、信号控制系统、交通监视系统、通信联络系统、交通控制中心、停车场、休息室、小卖部、加油站、维修站、餐馆、旅店、医院等。

6.3.1 高速公路一般知识介绍

（1）中央分隔带（图6-3-1）

图 6-3-1　中央分隔带

中央分隔带一般是高速公路上行和下行车道中间设置的长条形绿化地带或水泥墙。有的中央分隔带留有缺口，只供巡逻车、救护车、抢险工程车以及处理事故或紧急救援等应急情况下使用，一般车辆不得使用。

（2）行车道

中央分隔带两侧车道为行车道。行车道又以标线分为两条或两条以上。靠左侧车道称为超车道（或内侧车道），供超车时使用；靠右侧车道称为普通行车道（或外侧车道），是车辆正常行驶的车道。

（3）临时停车道临

临时停车道临是路幅的一部分，一般包括应急停车带及其边缘外侧的草皮路肩，与一般行车道相连接，紧急情况时作为临时停车使用（图6-3-2）。

图 6-3-2　临时停车道

（4）加速车道

加速车道是紧接主车道入口处最右侧车道，供车辆驶入高速公路前加速时使用（图 6-3-3）。

图 6-3-3　加速车道

（5）减速车道

减速车道是紧接主车道出口处最右侧车道，供车辆驶离高速公路减速时使用（图 6-3-4）。

图 6-3-4　减速车道

（6）上坡车道

上坡车道是在高速公路有坡道的路段，为了保持车流的稳定性，设置专供速度较慢的载货车、大客车等使用的车道。

（7）跨路桥

高速公路从桥上通过，相交道路从桥下通过时，称为上跨式；反之称为下穿式。

（8）匝道

匝道为连接两条相交道路而设置的交换道路（图6-3-5）。匝道的种类分为单向、双向和有分隔带的反向匝道三种。

图 6-3-5　匝道

（9）外环和内环车道

高速公路与相交道路的连接匝道，有时分为内外两单向车道。凡由高速公路右转弯进入相交道路，或由相交道路右转弯进入高速公路的匝道均设在外侧，这种匝道称为外环车道；反之，凡是右转弯的匝道都设在内侧，这种匝道称为内环车道。

（10）入口和出口

由高速公路驶出，进入匝道的道口称为出口；由匝道驶出，进入高速公路的道口称为入口（图6-3-6）。"出"和"入"均是针对高速公路本身而言。

(a) 从匝道驶入高速公路

(b) 从匝道驶出高速公路

图 6-3-6　高速公路入口和出口

6.3.2　驶入高速公路

驶入高速公路，严格按照限速标志的规定，驶入匝道，在确保安全的情况下，通过加速道加速，汇入高速行驶车流。如遇到行车道上车辆连续不断通过，必须在加速道上等待适合的时机，待同一方向驶来车辆距所驾车辆有足够的安全距离时，再汇入高速公路行车道行驶。

6.3.3　正确判断车流速度

应正确地判断车流速度及其变化，决定所驾驶车辆应保持的车速。驶入高速公路后，除参照所驾车辆的行车速度和高速公路特设的测距标示外，还应考虑以下三个方面。

（1）自然加速与自然减速变化

有坡度的地方，上坡自然减速，下坡自然加速。在引起自然加减速的路段。驾驶人容易对前面车辆和所驾车辆车速变化产生错觉，不能准确判断车间距离，由于车速的自然变化所产生的变化，这就是陡坡或长坡道上容易发生追尾事故的主要原因。所以应该根据道路标志，判断容易引起自然加减速的路段，预测车速将发生的变化，合理地控制所驾车辆的安全行车速度。

（2）满载车与空车的速度变化

行车中应辨明前车是空车还是满载车。满载车与空车的车速变化区别很大。对于满载车，在上坡路段，由于速度下降，与紧跟其车辆的间距变短，追尾事故便可能发生。如遇封闭式车厢，很难分清是空车还是满载车时，应从车厢晃动的情况和轮胎的弹性情况来加以判断。轮胎压力大，车身晃动，可以判断为满载车；反之即为空载或轻载车。满载车的车速变化在下坡时尤大，制动能力也差，应注意保持足够的距离。

有些高速公路，由于坡度较大，为不致引起车流速度的很大变化，设有单独供速度较慢车辆上坡的车道，驾驶车辆接近这一路段时，应注意前车的方向指示灯，并注意其车速的变化。

（3）注意车群和车流的变化

高速公路上车群和车流处于动态中，经常发生变化，车群会不断解体和重新形成，车流速度随时会发生变化，驾驶人应高度集中注意力，随时注意车群车流变化，保持足够的安全行车间距，保证有充分的时间采取应变措施，以保证驾驶安全。

6.3.4 保持正常行驶

在高速公路上，应在标示行车道或选择在右侧或中间车道上行驶。当前方遇有障碍或者需要超越前车时，应先保持所驾车辆的车速，同时从后视镜内观看后方有无来车，并判断来车车速，在确定无危险时，打开左转向灯，从左边加速超越前车。

超越前车后，距被超越的车辆至少50米间距，可打开右转向灯，驶回原车道，恢复原行驶状态。驾驶时应注意保持与同一方向的车流相一致的车速行车，切忌忽快忽慢、经常变换车道等不良动作并尽量控制超车频率。高速行车途中，一般减速可用制动器制动，降低车速；需要减速幅度较大时，可先降低一挡，利用发动机制动，同时分几次踩制动器。严禁紧急制动的同时，急转方向。高速公路发生堵塞，车辆不能前进时，应打开危险报警灯，防止追尾事故。

6.3.5 驶出高速公路

高速公路在出口前的2千米、1千米、500米及出口处都有相应的出口预告标志（图6-3-7），车辆距出口处500米时，驾驶人应做好驶出准备，减速并驶入减速车道；在距离出口处约300米时，打开右转向灯，然后平稳地驶入减速车道，再经匝道安全驶出高速公路。若错过出口，必须继续向前行驶，直到下一个出口才能驶离，不可倒车、掉头，转回错过的出口，以防发生事故。

图6-3-7　高速公路出口指示

6.3.6 在高速公路上发生交通事故和车辆故障的处理

在高速公路上最常见的事故是多车追尾相撞，并同时伴有起火、爆炸。这种事故多发生在交通量较大、车速较快、天气不好（雨、雾）等情况。也容易发生车辆碰撞中间隔离护栏或路边护栏、在路面上平地翻车、两车剐擦等事故。高速公路常见故障有以下几种：车辆持续高速行驶使轮胎气压增高，致使轮胎爆炸；高速行驶对燃油及润滑油的消耗都较平常高，可能导致燃油、润滑油及冷冻液耗尽；在高速行驶情况下，由于制造、装配或材料质量不适导致传动部分的机件断裂、脱离或不能正常工作等。

发生交通事故和车辆故障时，应首先在车身后100米处设置"故障车警告标志牌"（图6-3-8），如发生交通事故，应立即用紧急电话向交通警察或高速公路中心控制室报告，简要叙述以下内容：事故地点、事故状态（碰撞、翻车、燃烧情况等）、伤亡情况、车辆牌号、车型、驾驶人姓名等。发生车辆故障需临时停车检修，必须提前开启右转向灯驶离行车道，停在紧急停车带或路肩上；车辆无法移出车道时，应在车身后100米处设置"故障车警告标志牌"，并开启危险报警灯，告诫后车。驾驶人和乘车人必须迅速到右侧路肩或紧急停车带内，并用电话通知交通警察或高速公路中心控制室，交通救援中心救援。如车辆在晚上以及阴天、雾天等视线不佳的情况下发生故障，还须开尾灯、示宽灯、报警灯等，提示其他车辆注意。高速公路驾驶中还经常发生前车坠落危险品或大件物品造成路障，发现坠落危险品或大件物品时，要用电话通知公安机关交通管理部门高速公路中心控制室，不要自己搬移。遇行车阻滞时应当采取下列做法：注意临时设置的标志的启示，或收听交通广播，接受有关引导；不要在路肩上或紧急停车带上行驶，这样会妨碍交通警察的车辆和救援车辆的通过。应严格按原行车顺序行驶，严禁超车，以防造成新的阻塞和引发交通事故。另外在高速公路驾驶遇到警察检查时，驾驶人要注意交通警察的指挥信号和设置的引导设施，服从指挥，以防发生事故。

图6-3-8　故障车警告标示牌

第 7 章
驾驶考试技巧

7.1 桩考

在桩考开始前,考生需要放松心态和肌肉,双腿自然夹住车体。绕桩开始后,要找准进杆的角度和速度,如果角度过大或者速度过快,都会导致车体没有足够的转向空间而压到限宽线。正确的做法是,选择从边线和标杆的中间位置以一挡或者二挡进入,进入后需要适当进行油离配合,尽量保持半联动状态,这样可以及时切断动力输出进行相应调整。加油要平缓柔和,发现车辆位置与自己预期不符时,刹车也不能一下捏死。在这个过程中,一切都以"慢"为准则。但这个"慢"要做到心中有数,不能"慢"过自己保持平衡的极限。

在钻杆过程中,从两杆之间的空间转到下一个空间时,需要注意自己和车体的位置,避免碰到标杆。习惯一挡行驶的驾驶员在刚进入时可以适当给油,驶出时则需要减速。利用二挡行驶的驾驶员可尝试匀速通过。

7.2 坡道定点停车和起步

(1) 上坡时的停车和起步

停车前先收油门,捏离合。因为是上坡,不用刻意刹车制动。此时挡位迅速切换到空挡,空挡状态下才可松开离合器。在此过程中手刹始终不放。脚着地后车熄火但手刹仍不松。打开侧边站脚之后、松开前刹车之前要挂一挡，以防止车往下滑。

起步则刚好相反。坐好后先捏住前刹车，退到空挡启动车辆。油门给够，捏离合，挂一挡松离合的时候也松手刹。起步时借助两脚支撑平稳起步。

（2）下坡时的停车和起步

先收油，捏离合的同时退挡。由于下坡惯性大，故前后制动一起使用，情况紧急的时候还可配合越级退挡，减速配合制动。停下来的时候两脚踏地，手刹和离合器不松。在确保退到空挡的前提下才可松开离合器，关闭发动机，手刹仍旧不松。打开侧边站脚后挂一挡，再松开手刹。启动时先捏手刹，两脚支撑的情况下退空挡启动发动机。适当给油，用左脚挂入一挡或者二挡（因此时车有下坡的惯性）。松离合的时候松手刹（此时手刹可稍稍先松）。

7.3 通过单边桥

首先，驾驶者在上单边桥之前要调整姿态，将全身肌肉放松，如果左右肩膀都与车把较劲，势必会导致车头的扭动。

其次，大腿自然夹住摩托车，使得重心尽量集中。如果双腿分开，虽然重心处于胯下位置，但稳定性非常差，一旦出现摇摆，驾驶者就难以再找到平衡点。另外，行驶上单边桥后应保持眼睛向前直视，不要低头看轮胎的接触位置，低头确认很容易造成心理负担。

挂二挡，身体坐直，平稳上桥，保持平衡。在上桥时千万别因为害怕使劲捏着离合器，因为上桥的时候是上坡，早晚要松离合器给油，否则摩托车上不去，如果一直捏着离合器，速度和油离配合掌握不好的话，在桥上非常容易使车辆打乱平衡，车头乱拐，甚至掉下桥，考试失败。

第8章
驾驶考试评判标准

8.1 综合评判标准

考试时出现下列情形之一的，考试不合格：
① 不按规定戴安全头盔；
② 不按交通信号灯、标志、标线或者民警指挥信号行驶；
③ 车辆行驶中骑压车道中心实线或者车道边缘实线；
④ 车速超过限速规定；
⑤ 起步时车辆后溜距离大于30厘米；
⑥ 车辆行驶方向控制差；
⑦ 换挡时低头看挡或者连续两次换不进挡；
⑧ 行驶中空挡滑行；
⑨ 视线离开行驶方向超过2秒；
⑩ 行驶中不能保持安全距离和安全车速；
⑪ 争道抢行，妨碍其他车辆正常行驶；
⑫ 因观察、判断或者操作不当出现危险情况；
⑬ 不按考试员指令驾驶；
⑭ 违反交通安全法律、法规，考试员认为影响安全驾驶的；
⑮ 驾驶摩托车时手离开转向把；
⑯ 两轮摩托车在行驶中左右摇摆或者脚触地；
⑰ 摩托车制动时不同时使用前、后制动器。

考试时出现下列情形之一的，扣20分：
① 起步、转向、变更车道、超车、停车前不使用转向灯；
② 将车辆停在人行横道、网状线内等禁止停车的区域；
③ 起步时车辆后溜，但后溜距离小于30厘米；
④ 长时间骑压车道分界线行驶；
⑤ 转弯时，转、回方向过早、过晚，或者转向角度过大、过小；
⑥ 不主动避让行人、非机动车；
⑦ 对可能出现危险的情形未采取减速、鸣喇叭等安全措施。

考试时出现下列情形之一的，扣10分：
① 起步、转向、变更车道、超车、停车前，开转向灯少于3秒即转向；
② 驾驶姿势不正确；
③ 操纵车把手法不合理；
④ 选择挡位不当，造成车辆低挡高转速行驶或者车辆抖动；
⑤ 起步挂错挡，不能及时纠正；
⑥ 换挡时发生齿轮撞击；
⑦ 遇情况时不会合理使用离合器半联动控制车速；
⑧ 因操作不当造成发动机熄火一次；
⑨ 不能根据交通情况合理使用喇叭；
⑩ 不能根据交通情况合理选择行驶车道或者行驶速度；
⑪ 制动不平顺；
⑫ 通过积水路面遇行人、非机动车时，有不减速等不文明驾驶行为。

8.2 科目二考试项目分类评判标准

（1）桩考
① 不按规定路线、顺序行驶，不合格。
② 碰擦桩杆，不合格。
③ 车身出线，不合格。

（2）坡道定点停车和起步
① 车辆停止后，摩托车前轴未定于桩杆线上，且前后超出50厘米，不合格。
② 车辆停止后，摩托车前轴未定于桩杆线上，且前后不超出50厘米，扣

20分。

❸ 车辆停止后，车身距离路边缘线30厘米以上，扣20分。

（3）通过单边桥

❶ 其中有一个车轮未上桥，每次扣20分。

❷ 已驶上桥面，在行驶中出现一个车轮掉下桥面，每次扣10分。

（4）曲线行驶

❶ 车轮驶出边缘线，不合格。

❷ 车轮压路边缘线，不合格。

（5）曲线行驶

❶ 车轮驶出边缘线，不合格。

❷ 车轮压路边缘线，每次扣20分。

（6）起伏路驾驶

❶ 通过起伏路面时，车速控制不当，车辆严重跳跃，不合格。

❷ 通过起伏路面前不减速，扣10分。

❸ 通过起伏路面前过早减速，扣5分。

附录
法律责任

违反《道路交通安全法实施条例》规定的行为，依照《道路交通安全法》和本《道路交通安全法实施条例》的规定处罚。

以欺骗、贿赂等不正当手段取得机动车登记或者驾驶许可的，收缴机动车登记证书、号牌、行驶证或者机动车驾驶证，撤销机动车登记或者机动车驾驶许可；申请人在3年内不得申请机动车登记或者机动车驾驶许可。

交通警察按照简易程序当场做出行政处罚的，应当告知当事人道路交通安全违法行为的事实、处罚的理由和依据，并将行政处罚决定书当场交付被处罚人。

对道路交通安全违法行为人处以罚款或者暂扣驾驶证处罚的，由违法行为发生地的县级以上人民政府公安机关交通管理部门或者相当于同级的公安机关交通管理部门做出决定；对处以吊销机动车驾驶证处罚的，由设区的市人民政府公安机关交通管理部门或者相当于同级的公安机关交通管理部门做出决定。公安机关交通管理部门对非本辖区机动车的道路交通安全违法行为没有当场处罚的，可以由机动车登记地的公安机关交通管理部门处罚。

当事人对公安机关交通管理部门及其交通警察的处罚有权进行陈述和申辩，交通警察应当充分听取当事人的陈述和申辩，不得因当事人陈述、申辩而加重其处罚。

1.对机动车驾驶人的违法处理规定

机动车驾驶人违反道路交通安全法律、法规关于道路通行规定的，处警告或者二十元以上两百元以下罚款。若《道路交通安全法》另有规定，依照规定处罚。

机动车驾驶人有下列行为之一，又无其他机动车驾驶人即时替代驾驶的，公安机关交通管理部门除依法给予处罚外，可以将其驾驶的机动车移至不妨碍交通的地点或者有关部门指定的地点停放：

❶ 不能出示本人有效驾驶证的；

❷ 驾驶的机动车与驾驶证载明的准驾车型不符的；

❸ 饮酒、服用国家管制的精神药品或者麻醉药品、患有妨碍安全驾驶的疾病，或者过度疲劳仍继续驾驶的；

❹ 学习驾驶人员没有教练人员随车指导单独驾驶的。

机动车驾驶人有饮酒、醉酒、服用国家管制的精神药品或者麻醉药品嫌疑的，应当接受测试、检验。

饮酒后驾驶机动车的，处暂扣六个月机动车驾驶证，并处一千元以上两千元以下罚款。因饮酒后驾驶机动车被处罚，再次饮酒后驾驶机动车的，处十日以下拘留，并处一千元以上两千元以下罚款，吊销机动车驾驶证。醉酒驾驶机动车的，由公安机关交通管理部门约束至酒醒，吊销机动车驾驶证，依法追究刑事责任，五年内不得重新取得机动车驾驶证。饮酒后驾驶营运机动车的，处十五日拘留，并处五千元罚款，吊销机动车驾驶证，五年内不得重新取得机动车驾驶证。

醉酒驾驶营运机动车的，由公安机关交通管理部门约束至酒醒，吊销机动车驾驶证，依法追究刑事责任；十年内不得重新取得机动车驾驶证，重新取得机动车驾驶证后，不得驾驶营运机动车。饮酒后或者醉酒驾驶机动车发生重大交通事故，构成犯罪的，依法追究刑事责任，并由公安机关交通管理部门吊销机动车驾驶证，终生不得重新取得机动车驾驶证。

公路客运车辆载客超过额定乘员的，处两百元以上五百元以下罚款；超过额定乘员20%或者违反规定载货的，处五百元以上两千元以下罚款。货运机动车超过核定载质量的，处两百元以上五百元以下罚款，超过核定载质量30%或者违反规定载客的，处五百元以上两千元以下罚款。有前两款行为的，由公安机关交通管理部门扣留机动车至违法状态消除。

2. 对机动车停放、临时停车的违法处理规定

对违反道路交通安全法律、法规关于机动车停放、临时停车规定的，可以指出违法行为，并予以口头警告，令其立即驶离。机动车驾驶人不在现场或者虽在现场但拒绝立即驶离，妨碍其他车辆、行人通行的，处二十元以上两百元以下罚款，并可以将该机动车拖移至不妨得交通的地点或者公安机关交通管理部门指定的地点停放。公安机关交通管理部门拖车不得向当事人收取费用，并应当及时告知当事人停放地点。因采取不正确的方法拖车造成机动车损坏的，应当依法承担补偿责任。

3. 驾驶不符合上路条件的机动车的违法处理规定

驾驶拼装的机动车或者已达到报废标准的机动车上道路行驶的，公安机关

交通管理部门应当予以收缴，强制报废。对驾驶前款所列机动车上道路行驶的驾驶人，处两百元以上两千元以下罚款，并吊销机动车驾驶证。出售已达到报废标准的机动车的，没收违法所得，处销售金额等额的罚款。伪造、变造或者使用伪造、变造的机动车登记证书、号牌、行驶证、驾驶证的，由公安机关交通管理部门予以收缴，扣留该机动车，处十五日以下拘留，并处两千元以上五千元以下罚款；构成犯罪的，依法追究刑事责任。伪造、变造或者使用伪造、变造的检验合格标志、保险标志的，由公安机关交通管理部门予以收缴，扣留该机动车，处十日以下拘留，并处一千元以上三千元以下罚款；构成犯罪的，依法追究刑事责任。使用其他车辆的机动车登记证书、号牌、行驶证、检验合格标志、保险标志的，由公安机关交通管理部门予以收缴，扣留该机动车，处两千元以上五千元以下罚款。当事人提供相应的合法证明或者补办程应手续的，应当及时退还机动车。

非法安装警报器、标志灯具的，由公安机关交通管理部门强制拆除，予以收缴，并处两百元以上两千元以下罚款。

机动车所有人、管理人未按照国家规定投保机动车第三者责任强制保险的，由公安机关交通管理部门扣留车辆至依照规定投保后，并处依照规定投保最低责任限额应缴纳的保险费的两倍罚款。依照前款缴纳的罚款全部纳入道路交通事故社会救助基金。具体办法由国务院规定。

4.对没有驾驶资格驾驶机动车的违法处理规定

有下列行为之一的，由公安机关交通管理部门处两百元以上两千元以下罚款：

❶ 未取得机动车驾驶证、机动车驾驶证被吊销或者机动车驾驶证被暂扣期间驾驶机动车的；

❷ 将机动车交由未取得机动车驾驶证或者机动车驾驶证被吊销、暂扣的人驾驶的；

❸ 造成交通事故后逃逸，尚不构成犯罪的；

❹ 机动车行驶超过规定时速50%的；

❺ 强迫机动车驾驶人违反道路交通安全法律、法规和机动车安全驾驶要求驾驶机动车，造成交通事故，尚不构成犯罪的；

❻ 违反交通管制的规定强行通行，不听劝阻的；

❼ 故意损毁、移动、涂改交通设施，造成危害后果，尚不构成犯罪的；

❽ 非法拦截、扣留机动车辆，不听劝阻，造成交通严重阻塞或者较大财产损失的。

行为人有第❷项、第❹项情形之一的，可以并处吊销机动车驾驶证；有第❶项、第❸项、第❺～❽项情形之一的，可以并处十五日以下拘留。

5. 对道路产生非法影响的违法处理规定

未经批准,擅自挖掘道路、占用道路施工或者从事其他影响道路交通安全活动的,由道路主管部门责令停止违法行为,并恢复原状,可以依法给予罚款;致使通行的人员、车辆及其他财产遭受损失的,依法承担赔偿责任。有前款行为,影响道路交通安全活动的,公安机关交通管理部门可以责令停止违法行为,迅速恢复交通。

在道路两侧及隔离带上种植树木、其他植物或者设置广告牌、管线等,遮挡路灯、交通信号灯、交通标志,妨碍安全视距的,由公安机关交通管理部门责令行为人排除妨碍;拒不执行的,处两百元以上两千元以下罚款,并强制排除妨碍,所需费用由行为人负担。

6. 依法扣留机动车的处理规定

依照道路交通安全法第九十二条、第九十五条、第九十六条、第九十八条的规定被扣留的机动车,驾驶人或者所有人、管理人30日内没有提供被扣留机动车的合法证明,没有补办相应手续,或者不前来接受处理,经公安机关交通管理部门通知并且经公告3个月仍不前来接受处理的,由公安机关交通管理部门将该机动车送交有资格的拍卖机构拍卖,所得价款上缴国库;非法拼装的机动车予以拆除;达到报废标准的机动车予以报废;机动车涉及其他违法犯罪行为的,移交有关部门处理。

7. 处罚的执行

对道路交通违法行为人处以警告、两百元以下罚款,交通警察可以当场做出行政处罚决定,并出具行政处罚决定书。行政处罚决定书应当载明当事人的违法事实、行政处罚的依据、处罚内容、时间、地点以及处罚机关名称,并由执法人员签名或者盖章。

当事人应当自收到罚款的行政处罚决定书之日起十五日内,到指定的银行缴纳罚款。对行人、乘车人和非机动车驾驶人的罚款,当事人无异议的,可以当场予以收缴罚款。

罚款应当开具省、自治区、直辖市财政部门统一制发的罚款收据;不出具财政部门统一制发的罚款收据的,当事人有权拒绝缴纳罚款。

当事人到期不履行行政处罚决定的,做出行政处罚决定的行政机关可以采取下列措施:

❶ 到期不缴纳罚款的,每日按罚款数量的3%加处罚款;
❷ 申请人民法院强执行。

执行职务的交通警察认为应当对道路交通违法行为人给予暂扣或者吊销机动车驾驶证处罚的,可以先予扣留机动车驾驶证,并在二十四小时内将案件移交公安机关交通管理部门处理。道路交通违法行为人应当在十五日内到公安机关交通管理部门接受处理。无正当理由逾期未接受处理的，吊销机动车驾驶证。公安机关交通管理部门暂扣或者吊销机动车驾驶证的，应当出具行改处罚决定书。

对违反本法规定予以拘留的行政处罚，由县、市公安局、公安分局或者相当于县一级的公安机关裁决。公安机关交通管理部门扣留机动车、非机动车，应当当场出具凭证，并告知当事人在规定期限内到公安机关交通管理部门接受处理。公安机关交通管理部门对被扣留的车辆应当妥善保管，不得使用。逾期不来接受处理，并且经公告三个月仍不来接受处理的，对扣留的车辆依法处理。

暂扣机动车驾驶证的期限从处罚决定生效之日起计算；处罚决定生效前先予扣留机动车驾驶证的，扣留一日折抵暂扣期限一日。吊销机动车驾驶证后重新申请领取机动车驾驶证的期限，按照机动车驾驶证管理规定办理。

公安机关交通管理部门根据交通技术监控记录资料，可以对违法的机动车所有人或者管理人依法予以处罚。对能够确定驾驶人的，可以依照本法的规定依法予以处罚。

本书配套视频清单

序号	视频内容	页码
1	停止信号	57-1
2	直行信号	57-2
3	左转弯信号	59
4	左转弯待转信号	61
5	右转弯信号	62
6	变道信号	64
7	车辆慢行信号	65
8	示意车辆靠边停车信号	66
9	在道路中间行驶	115
10	合理控制行车速度	117
11	保持必要的同向行车距离	118
12	掌握侧向行车间距	119
13	减速靠右安全会车	120-1
14	有障碍路段会车	120-2
15	夜间会车	122-1
16	超车	122-2
17	通过铁路道口驾驶	126
18	通过障碍路面驾驶	127
19	夜间道路驾驶	129
20	绿灯亮时通行规定	131-1
21	黄灯亮时通行规定	131-2
22	红灯亮时通行规定	132
23	方向指示灯规定	133
24	闪光信号灯规定	134
25	没有中心线的道路限速规定	136-1
26	同方向只有1条机动车道的道路限速规定	136-2
27	掉头规定	137